KB273015

ONE
TEAM

채홍미

- 벨빈코리아 & 인피플컨설팅 대표
- 국제인증 마스터 퍼실리테이터
- 한국 유일의 Belbin Associates 공식 인증 파트너
- 약 20년간 국내 주요 기업·공공기관의 팀 빌딩,
  리더십 개발, 조직 변화 관리 프로젝트 수행

홍순표

- 인피플 컨설팅 부사장
- 벨빈 국제 인증 퍼실리테이터
- 증권사 리서치센터 투자전략 조직에서의 실무 경험을 바탕으로
  국내 주요 기업과 공공기관의 전략 수립, 조직문화 변화,
  팀 개발 프로젝트 수행

벨빈코리아

www.belbinkorea.com

02-540-2550

belbin@belbinkorea.com

벨빈 팀 역할로 풀어가는
조직개발 실무 스토리

ONE TEAM

채홍미·홍순표

pazit

추천사

하모닉증권이 겪는 문제들은 많은 이들에게 익숙하게 다가올 것입니다. 뛰어난 인재들로 가득 찬 팀인데도 개개인의 역량이 팀의 성과로 이어지지 않는 상황, 누구나 한 번쯤 경험해 보았을 것입니다.

『ONE TEAM』은 팀에서 일할 때 흔히 부딪히는 문제들을 실제적이고 통찰력 있는 이야기로 풀어냅니다. 흡입력 있는 서사를 따라가다 보면, 리더든 팀원이든 누구나 즉시 적용할 수 있는 실천적 해법을 자연스럽게 얻게 됩니다.

왜 반드시 읽어야 할까요? 효과적인 팀은 조직 성공의 근간입니다. 복잡성과 변화가 일상이 된 오늘날의 경쟁 환경에서, 팀의 힘은 그 어느 때보다 절실합니다.

Jo Keeler

Managing Director, Belbin Ltd

팀의 성과를 높이려면, 먼저 정확한 진단이 있어야 합니다. 이 책은 팀원 각자가 팀 안에서 어떤 역할을 맡을 때 가장 잘하는지를 파악하고, 그것을 바탕으로 팀 전체의 균형을 맞추는 구체적인 방법을 쉽게 보여줍니다.

30년 넘게 전 세계에서 검증된 벨빈의 팀 역할 진단은 기존 방법과 두 가지 점에서 다릅니다. 첫째, 타고난 성격이 아니라 실제 행동에 주목합니다. 성격이 행동에 영향을 주는 것은 사실이지만, 우리는 성격대로만 행동하지 않습니다. 경험과 노력에 따라 충분히 달라질 수 있기에, 사람을 유형으로 고정하기보다 실제로 발휘되는 행동을 진단하는 것이 훨씬 효과적입니다.

둘째, 팀원들이 서로 비슷해야만 좋은 팀이 되는 것은 아닙니다. 서로 다르더라도 부족한 부분을 채워줄 수 있다면 오히려 더 높은 성과를 냅니다. 다양성이 경쟁력인 시대에, 구성원의 차이를 약점이 아닌 강점으로 바꾸는 벨빈의 방법론은 모든 리더에게 꼭 필요한 역량입니다.

박원우

서울대학교 경영대학 교수(인사조직 전공) / 벨빈 코리아 공동 대표

AI 시대라 하지만, 그 어떤 기술도 서로 다른 강점을 지닌 팀원들이 만들어내는 협업의 힘만큼은 대신할 수 없습니다.

성공하는 팀에는 다양한 캐릭터가 조화를 이루는 고유한 규범

이 있습니다. 그것은 미리 정해진 것이 아니라, 팀원들이 함께 만들어가는 것이기 때문입니다. 하모닉증권의 이야기는 성공하는 팀에 필요한 여러 역할이 무엇인지, 그리고 이들이 어떻게 조화를 이루어 하나가 되는지를 보여주는 이야기이자 곧 우리 모두의 이야기입니다.

이야기 속 단계마다 제공되는 다양한 팁을 활용하여, 여러분만의 팀 경쟁력을 높이는 리더의 기술로 삼으시기 바랍니다.

장인정
HR Senior Director, 램리서치코리아

서문

팀은 여전히 중요한데, 여전히 어렵다

"팀보다 위대한 선수는 없다."

정말 그럴까요? 팀으로 함께하면 정말 더 좋은 결과를 만들 수 있을까요?

우리는 매일 이런 질문을 던지지는 않습니다. 그렇지만 매일 팀에서 일하고, 팀과 함께 일합니다. 때로는 팀으로 성취하고, 때로는 팀 안에서 외롭습니다. 팀이라서 승리하지만, 팀이라서 전진이 더디기도 합니다.

회의실에서 목소리 큰 사람만 말하고, 좋은 아이디어는 묻히고, 결론 없이 흩어지는 회의. 서로의 역할이 불분명해 일이 중복되거나 누락되는 프로젝트. "저 사람은 왜 저럴까?"라는 답답함과 "나만 힘든 건가?”라는 고립감. 팀에서 일하는 우리는 이런 경험을 너무나 자주 합니다.

팀은 여전히 중요합니다. 그런데 여전히 어렵습니다.

이 질문에 대한 답을 찾기 위한 연구는 오래전부터 있었습니다. 1960년대 후반, 영국 케임브리지 대학의 메러디스 벨빈^{Meredith Belbin} 박사는 흥미로운 현상을 발견했습니다. 경영 시뮬레이션 게임에서 가장 뛰어난 인재들로 구성된 팀, 이른바 '아폴로 팀'이 기대와 달리 최악의 성적을 냈던 것입니다.

이 '아폴로 신드롬^{Apollo Syndrome}'은 현대 조직에서도 여전히 반복되고 있습니다. 뛰어난 학벌, 화려한 경력, 탁월한 전문성을 가진 사람들이 모였지만, 정작 팀은 갈등과 비효율로 고통받습니다. 회의는 길어지고, 의사결정은 지연되며, 프로젝트는 예정보다 몇 달씩 늦어집니다.

왜 그럴까요? 벨빈 박사는 9년간의 연구 끝에 답을 찾았습니다. 문제는 개인의 능력이 아니라, 팀 내에서 수행하는 '역할'에 있었습니다.

팀역할이란 무엇인가

우리는 흔히 사람을 '성격'으로 이해하려 합니다. 내향적이거나 외향적이고, 감성적이거나 이성적이라고 분류합니다. MBTI, DISC 같은 도구들도 이런 접근법을 따릅니다.

하지만 벨빈의 접근은 다릅니다. 벨빈은 '성격'이 아닌 '팀 내에서의 행동 방식', 즉 '역할'에 주목했습니다. 같은 사람이라도 팀 상황에 따라 다른 역할을 수행할 수 있고, 한 팀에 여러 역할이 필요하다는 것을 발견한 것입니다.

벨빈은 효과적인 팀에 필요한 9가지 역할을 규명했습니다. 창의적 아이디어를 제시하는 창조자Plant, 객관적으로 분석하고 평가하는 냉철판단자Monitor Evaluator, 목표를 향해 팀을 이끄는 추진자Shaper, 계획을 체계적으로 실행하는 실행자Implementer, 팀의 화합을 만드는 분위기조성자Teamworker, 특정분야에 몰입하여 팀에 전문성을 제공하는 전문가Specialist, 팀을 조율하고 이끄는 지휘조절자Coordinator, 외부 자원과 기회를 찾는 자원탐색가Resource Investigator, 그리고 완벽하게 마무리하는 완결자Completer Finisher입니다.

이 9가지 역할은 단순한 성격 유형이 아닙니다. 팀이라는 맥락 속에서 각자가 어떤 기여를 하는지, 어떤 방식으로 협업하는지를 보여주는 행동의 패턴입니다. 그래서 벨빈은 "당신은 어떤 사람인가?"가 아니라 "당신은 팀에서 어떤 역할을 하는가?"를 묻습니다.

한국 조직이 벨빈을 필요로 하는 이유

저희 벨빈코리아는 지난 수년간 한국의 다양한 조직과 함께 일하면서, 한국 기업이 직면한 특별한 도전을 목격했습니다.

첫째, 빠른 성장과 글로벌 경쟁 속에서 '협업'의 중요성이 그 어느 때보다 커졌습니다. 더 이상 한 명의 영웅이 팀을 이끄는 시대가 아닙니다. 다양한 전문성을 가진 사람들이 효과적으로 협업해야만 복잡한 문제를 해결할 수 있습니다.

둘째, 세대 간, 직급 간, 부서 간 '다름'이 증가하면서 갈등도 늘어났습니다. MZ세대와 X세대의 일하는 방식이 다르고, 개발팀과 마케팅팀의 언어가 다릅니다. 이 다름을 어떻게 이해하고 연결할 것인가가 조직의 핵심 과제가 되었습니다.

셋째, 팀을 만드는 방식이 달라지고 있습니다. 과거에는 리더 한 사람이 팀을 이끌고 구성원은 따라가는 구조였습니다. 하지만 오늘날의 복잡한 비즈니스 환경에서는 한 사람의 리더십만으로 모든 상황에 대응할 수 없습니다. 이제는 상황에 따라 구성원 각자가 자신의 강점을 발휘하며 리더십을 나누는 '분산 리더십'이 필요합니다. 창의적 아이디어가 필요할 때는 창조자가, 냉정한 판단이 필요할 때는 냉철판단자가, 실행력이 필요할 때는 추진자가 주도권을 갖습니다. 리더와 구성원이 함께 팀을 만들어가는 것입니다.

벨빈은 이 세 가지 과제를 해결하는 강력한 도구입니다. 단순히 개인의 성향을 파악하는 것을 넘어, 팀 내에서 각자의 역할과 기여를 명확히 하고, 서로의 강점을 연결하는 방법을 제시합니다.

이 책을 쓴 이유

저희는 많은 조직 리더와 HR 담당자들로부터 같은 질문을 받았습니다.

"벨빈 진단 보고서를 받았는데, 이걸 실무에서 어떻게 활용해야 할지 모르겠어요."

"우리 팀에 벨빈을 도입하고 싶은데, 어디서부터 시작해야 할까요?"

"경영진을 어떻게 설득해야 할까요? ROI를 어떻게 증명하죠?"

이 책은 바로 이런 질문에 대한 답입니다. 이론서도 아니고 학술 논문도 아닙니다. 현장에서 바로 적용할 수 있는 실전 가이드입니다. 각 장마다 실제 활용할 수 있는 체크리스트, 템플릿, 워크숍 가이드를 담았습니다. 이론을 읽고 끝나는 것이 아니라, 당장 내일 아침 팀 회의에서 적용할 수 있도록 구성했습니다.

이 책을 읽는 방법

독자의 역할과 필요에 따라 다양한 방식으로 이 책을 활용할 수 있습니다.

팀 리더라면 Part 0과 Part 1로 시작하세요. 당신 팀이 현재 어떤 상태인지 진단하고, 벨빈이 어떤 가치를 제공할 수 있는지 이해할 수 있습니다. 그 다음 Part 2에서 팀원들의 역할을 이해하고, Part 3에서 실제 적용 방법을 배우세요.

HR 담당자라면 Part 1의 실무적인 정보와 Part 5의 '전사 확산 전략'에 주목하세요. 파일럿 프로젝트 기획부터 전사 확산, 사내 전문가 양성까지 단계별 로드맵과 실무 도구를 제공합니다.

채용 담당자라면 Part 2의 각 역할별 '진단 체크리스트'와 Part 3의 '역할 기반 JD 작성법'을 활용하세요. 단순히 스펙이 좋은 사람이 아니라, 팀에 필요한 역할을 수행할 수 있는 적합한 인재를 찾는 데 도움이 될 것입니다.

팀원이라면 Part 2에서 당신의 역할을 찾아보세요. 하모닉증권 팀원들의 이야기를 읽으면서, 당신 자신과 동료들을 새로운 관점에서 이해하게 될 것입니다.

컨설턴트/퍼실리테이터라면 Part 3와 Part 4의 워크숍 가이드와 퍼실리테이션 스크립트를 참고하세요. 벨빈 진단 결과를 활용한 팀빌딩 워크숍, 갈등 관리 프로세스 등의 구체적인 진행 방법을 제공합니다.

마지막으로

　팀을 바꾸는 것은 쉽지 않습니다. 이 책에 등장하는 하모닉증권 팀도 7개월이 걸렸고, 그 과정에서 수많은 갈등과 좌절이 있었습니다. 하지만 벨빈은 변화를 위한 강력한 출발점을 제공합니다. 서로를 이해하는 공통의 언어, 갈등을 건강하게 다루는 도구, 각자의 강점을 발견하고 연결하는 방법을 제시합니다.

　여러분의 팀도 최강팀이 될 수 있습니다.

　강점을 발견하고, 연결하는 그 여정에

　이 책이 함께하길 바랍니다.

2026년 1월
벨빈코리아 대표 **채홍미**
인피플컨설팅 부대표 **홍순표**

차례

PART 0 프롤로그

PART 3 우리 팀에 벨빈 적용하기

프롤로그

프롤로그

우리는 왜 팀으로 힘들까?

하모닉증권의 위기

4월 1일 화요일 아침

서울 영등포구 여의도 국제금융센터^{IFC} 고층에 위치한 '하모닉증권^{Harmonic Securities}'의 오피스.

HR팀에서 근무하고 있는 나, 채지영은 오전 9시에 노트북으로 조직문화 설문 결과를 보고 있었다.

- 전사 평균: 3.2/5.0.
- 최저 점수팀: 상품개발팀 2.1/5.0(이직 의향 비율: 38%)

"아~ 이대로는 안 되는데…" 나도 모르게 깊은 탄식이 흘러나왔다.

나는 고개를 돌려 창 밖의 한강 전망을 바라보며, 5년 전 하모닉증권에 입사했을 때를 떠올렸다. 내가 하모닉증권에 입사할 때만 해도 하모닉증권은 창립 3년 차의 신생 증권사였다. 기존 증권사들과 달리 혁신적인 금융상품으로 승부를 거는 도전적인 회사였다. 직원이 30명 정도였지만, 모두가 열정으로 가득했었다.

그러나 불과 5년만에 너무 달라졌다.

하모닉증권은 창립 8년만에 직원 수 1,000여명의 업계 10위권에 진입하는 등 외형은 성장했지만, 내부적으로는 팀 간 보이지 않는 칸막이, 잦은 갈등, 점점 높아지는 이직률 등 소리없이 균열이 생기고 있었다.

특히 새로운 투자상품과 펀드를 만들어서 회사의 미래를 책임질 핵심 조직인 '상품개발팀'이 가장 큰 문제였다. 상품개발팀은 최근 6개월 동안 신규 상품 4개가 연속 실패했고, 팀원 7명 중 3명이 퇴사의향을 밝히기도 했다.

"지영님!"

뒤돌아보니 박영준 대표가 심각한 표정으로 다가오고 있었다.

"지영님, 이번 달 안에 상품개발팀과 관련해서 뭔가 해결책을 찾아야 해요. 주주들이 결과를 요구하고 있어요. 팀이 이렇게 흔들리면… 우리 회사 전체가 위험해질 겁니다. 전폭적으로 지원해 줄테니, 제발 해결책을 찾아보세요."

나는 대표의 제안에 "네, 대표님, 제가 해결책을 찾아보도록 하겠습니다"라고 대답할 수 밖에 없었지만, 마음은 더욱 무거워질 뿐이었다.

우리는 누구인가?

하모닉증권의 상품개발팀은 회사의 차세대 투자상품을 개발하는 핵심 조직이다. 펀드, ETF, 파생결합증권 등 새로운 상품을 기획하고 출시하는 임무를 맡고 있다.

▶ 회사 기본 정보

- 창립: 2017년 6월

- 업종: 종합금융투자업(주식, 펀드, 채권, 파생상품 등)

- 규모: 직원 1,031명(2025년 3월말 기준)

- 본사: 서울 여의도 국제금융센터(IFC)

- 주요 강점: 개인투자자 맞춤형 투자상품 개발

- 자산: 약 20조 원(2024년말 기준)

- 순위: 업계 10위권

하모닉증권은 박영준 대표가 대형 증권사에서 겪은 답답함에서 탄생할 수 있었다. '왜 금융상품은 이렇게 복잡하고 어려울까? 왜 일반 투자자는 수익성이 좋은 상품을 만날 수 없을까?” 그는 개인투자자를 위한 쉽고 수익성이 좋은 금융상품을 만들고 싶었다고 한다.

하모닉증권 창립 후 3년은 순탄했다. 작은 팀, 명확한 목표, 뜨거운 열정. ‘쉬운 펀드’, ‘초보 개인투자자를 위한 ETF(상장지수펀드)’ 등 혁신적인 상품들이 성공했다. 그러나 회사가 커지면서 문제가 생겼다. 직원수가 늘어나고, 팀이 나뉘고, 팀간 물리적인 칸막이와 함께 보이지 않는 벽이 높아지기 시작했다.

개인투자자를 위한 혁신적인 금융상품을 만드는 회사가 정작 내부 혁신에는 실패하는 아이러니가 늘어나고 있는 상황이다.

| 상품개발팀 구성원 |

강민준(39세, 남) - 팀장

- **근속**: 4년
- **성격**: 차분하고 조율을 잘한다. 그러나 최근 팀 내 갈등이 심해지고, 회사 내 이슈화되면서 ‘내가 뭘 잘못하고 있는 걸까?, 리더로써 자질이 없는 것일까?’라는 자책을 많이 하고 있다.
- **배경**: 대형 증권사에서 10년 근무 후 하모닉증권으로 이직해서 처음에는 승승장구했지만, 최근 팀 성과 약화와 분위기 악화로 점점 자신감을 잃어가고 있다. 7살 딸이 있는데, 요즘 집에 가면 딸이 ‘아빠, 왜 이렇게 늦게 와?’라고 묻는다며 지쳐가는 모습을 보이고 있다.

황준식(29세, 남) - 선임 상품기획자

- **근속**: 3년
- **성격**: 아이디어 뱅크다. 회의 때마다 '이런 상품 어때요?'를 연발한다. 열정적이고 창의적이지만, 규제나 리스크 관리는 매우 약하다.
- **배경**: 자산운용사에서 2년 근무 후 좀 더 혁신적인 상품을 만들고 싶어서 하모닉증권으로 이직했다고 한다. 미혼이고, 여의도 근처 원룸에서 혼자 산다. 새벽 2~3시에도 갑자기 상품 아이디어가 떠오르면 태블릿PC를 켜고 상상의 나래를 펼친다고 한다.
- **특징**: 항상 노트북과 태블릿PC에 아이디어를 적어둔다. 주말에도 팀장에게 '방금 좋은 아이디어가 생각났는데, 이런 상품 어때요?'라고 장문의 카톡 메시지를 보낸다.

이은지(32세, 여) - 선임 상품설계자

- **근속**: 5년(하모닉증권 초기 멤버)
- **성격**: 체계적이고 계획적이다. '출시 일정은?', '컴플라이언스에 확인했어요?'를 항상 입에 달고 산다. 원래 계획에서 벗어나는 것을 좋아하지 않는다. 황준식의 계속되는 기획 변경에 짜증이 좀 나있다.
- **배경**: 하모닉증권이 직원 30명일 때 입사한 초기 멤버로써 회사의 성장과 본인이 함께 하고 있음에 자부심이 강하다. 체크리스트의 여왕이라는 닉네임을 가지고 있다. 현재 신혼이고, 고양이를 좋아한다.

홍재표(34세, 남) - 마케팅 / 세일즈 연계 담당

- **근속**: 2년
- **성격**: 목표 지향적이고 추진력이 강하다. '경쟁사 보다 빨리 출시해야 해요!'라는 말을 자주할 정도로 너무 강하게 밀어붙여서 팀원들과 때때로 마찰이 생긴다.
- **배경**: 다른 증권사 영업팀에서 5년 근무했고, '결과는 숫자로 이야기해야 한다'라는 신념을 가지고 있다. 매일 만보를 걷고, 5km 정도를 슬로우 러닝할 정도로 체력 관리에도 진심이다.

신지연(30세, 여) - 리스크 분석 / 준법 연계 담당

- **근속**: 2년
- **성격**: 투자자 보호를 절대적으로 중요하게 여기며, 리스크 관리에 대한 확고한 철학이 있다. 조용하지만, 본인의 의견을 조근조근 분명히 말할 줄 안다.
- **배경**: 보험사 리스크 관리팀에서 3년 근무 후 투자자를 지키는 상품을 개발하고 싶다는 생각에 하모닉증권으로 이직했다. 미혼이고, 혼자 카페에서 책을 읽는 것을 좋아하고, 극장에도 잘 다닌다.

김남우(31세, 남) - 데이터 애널리스트

- **근속**: 1년
- **성격**: '그게 수익률로 증명할 수 있는 건가요?'라고 되물을 정도로 모든 것을 데이터로 판단하는 경향이 있다. 사람들에게 때로는 비판적으로 보이기도 한다.

- **배경**: 금융 관련 컨설팅 회사에서 4년 근무 후 이직했고, 신혼이다. 틈틈이 오페라, 클래식 공연을 즐긴다.

이민형(29세, 여) - 프로젝트 매니저

- **근속**: 2년
- **성격**: 현재 누가 힘들어하고, 불편해하는지 등 팀의 분위기를 가장 먼저 인지할 줄 안다. 팀 내 갈등이 불거질 때 불안해 하는 모습을 보이기도 한다.
- **배경**: 자산운용사에서 2년 근무했고, 전직장이 더 이상 행복하게 일할 수 있는 환경이 아닌 것 같아서 하모닉증권으로 이직했다고 한다. '사람들이 행복하게 일하는 환경'을 중요하게 생각한다. 남편과 아들, 두 남자와 함께 살고 있다.

벨빈과의 만남

그날 저녁, 오랜만에 참석한 경영대학원 동기 모임에서 옆자리에 앉은 IT기업의 HR팀장인 선배에게 고민을 털어놨다. 그러자 선배는 벨빈이라는 도구로 팀다운 팀을 만들었다며, 매달 세미나가 있을테니 참석해보라고 권했다. 나는 그 자리에서 벨빈 코리아의 웹사이트를 검색해서 일주일 후에 있을 세미나를 신청했다.

"자, 이제 그만 얼굴 풀고, 술이나 한 잔해."

선배의 술잔을 받으면서 벨빈이라는 솔루션에 대한 막연한 기대

감과 호기심이 올라왔다.

4월 8일 화요일

일주일 뒤 벨빈 세미나에 참여했다. 다양한 조직에서 온 인사, 조직 실무진들과 리더들이 모두 '팀'으로 고민하고 있는 이야기들을 들으면서 나만 그런 것은 아니라는 동질감을 느꼈다.

그리고 나는 알았다.

'이거다… 상품개발팀을 비롯해서 우리 회사에 필요한 게 바로 이것이라는 것을…'

세미나에서 들은 벨빈 팀역할 이론의 핵심은 간단했다.

1. 팀역할의 다양성이 팀 성과를 결정한다.

- 똑똑한 사람만 모은 '아폴로 팀'이 오히려 실패했다는 연구 결과

- 다양한 역할이 균형을 이룰 때 최고의 성과가 나온다

2. 팀에는 9가지 역할이 필요하다.

- 창조자Plant: 창의적 아이디어를 내는 역할

- 자원탐색가Resource Investigator: 외부 자원과 정보를 찾아오는 역할

- 지휘조절자Co-ordinator: 팀을 조율하고 목표를 명확히 하는 역할

- 추진자Shaper: 도전적으로 팀을 추진하는 역할

- 냉철판단자Monitor Evaluator: 신중하게 분석하고 판단하는 역할

- 분위기 조성자Team Worker: 팀의 화합과 협력을 돕는 역할

- 실행자Implementer: 계획을 실행으로 옮기는 역할

- 완결자Completer Finisher: 완벽하게 마무리하는 역할

- 전문가Specialist: 전문 지식과 기술을 제공하는 역할

3. 각 개인은 고유한 역할 조합을 가지고 있다.

4. 역할의 강점과 약점을 이해하고 활용하면 팀 성과가 높아진다.

5. 역할이 아니라 사람을 바꾸려 하면 실패한다.

나는 집으로 돌아가는 길에 궁극적으로 하모닉증권의 상품개발 팀 뿐만 아니라 모든 팀에 벨빈 팀역할 진단을 시행해 보기로 결심했다. 그리고 그것은 하모닉증권 역사상 가장 큰 변화였고, 가장 위대한 시작이었다. 지금부터 그 스토리를 소개해 드리겠다.

| 실무 가이드 |

팀 건강도 체크리스트

우리 팀의 현재 건강 상태 진단 체크리스트

현재 여러분의 팀이 '얼마나 효과적으로 작동하고 있는지'를 진단하는 것이 문제 해결의 첫걸음입니다. 최근 여러분 팀의 모습을 떠올리며 아래 체크리스트를 통해 여러분 팀의 건강 상태를 확인해 보세요.

| 팀 건강도 체크리스트 |

0점: 전혀 아니다 / ~5점: 매우 그렇다

1	우리 팀에서는 실수나 질문을 해도 비난 받지 않는다.	
2	우리 팀은 팀장 외에도 다양한 팀원이 팀의 방향이나 분위기에 영향을 준다.	
3	나는 우리 팀의 성과에 긍정적인 영향을 준다고 느낀다.	
4	우리 팀은 회의나 의사결정 시 리더 한 사람의 의견에만 의존하지 않는다.	
5	우리 팀은 갈등이 생겨도 피하지 않고, 생산적인 방식으로 논의된다.	
6	팀원 모두가 자신이 맡은 역할과 책임을 명확히 이해하고 있다.	
7	우리 팀의 목표는 구성원들에게 개인적으로 의미 있는 일이다.	
8	나는 우리 팀에서 자율적으로 의견을 제안하고 실천할 수 있는 자유를 느낀다.	
9	우리 팀은 팀장 부재 시 자연스럽게 회의, 협업, 실행이 가능하다.	
10	나는 이 팀의 구성원이라는 점에 자부심을 느끼며, 팀의 성장을 함께 만들어간다고 느낀다.	
	합계 점수	

합계 점수를 통해 우리 팀의 현재 건강 상태를 아래와 같이 진단할 수 있습니다.

합계 점수 10~25점: 리더 중심형 팀인 경우

여러분의 팀은 현재 리더에게 의존하고 있습니다.

팀원 개개인의 리더십 발현은 제한적이며, 자율적인 의사소통이나 협업보다는 지시와 통제 중심의 방식이 두드러집니다. 리더 중심형 팀의 경우 빠르게 변화하는 환경에 민첩하게 대응하기에 어려움이 있습니다. 구성원 각자의 참여와 책임을 이끌어낼 수 있는 팀 문화로의 전환은 어떠세요?

팀원 각자의 강점과 자연스러운 역할을 파악할 수 있는 벨빈 팀 역할 진단을 통해, 팀의 잠재력을 구체적으로 확인해보는 것이 큰 도움이 됩니다.

합계 점수 26~35점: 팀십 전환기 팀인 경우

여러분의 팀은 리더 중심에서 팀 중심으로 점차 이동하고 있는 과도기에 있습니다. 일부 구성원들은 주도적으로 행동하고 있으며, 서로 간의 신뢰나 심리적 안전감도 조금씩 형성되고 있습니다. 하지만 여전히 주요 의사사결정 방향 설정은 리더에게 집중되어 있을 가능성이 높습니다.

팀원 모두가 역할과 책임을 공유하고 주도적으로 일할 수 있도록 팀 구조를 재설계해 보시길 바랍니다. 구성원 각자 어떤 역할에서 강점을 발휘할 수 있는지 진단하고, 서로의 차이를 협업 자산으로 바꾸어 보세요.

벨빈 진단은 팀원 각각의 강점 역할과 팀에서의 기여 방식을 시각적으로 보여주고, 협업의 방향을 구체화할 수 있는 강력한 진단 도구입니다.

합계 점수 36~50점: 팀십 작동형 팀인 경우

여러분의 팀은 심리적 안전감, 자율성, 분산된 리더십이 균형 있게 작동하고 있는 건강한 팀입니다. 리더가 모든 것을 통제하기보다는, 팀원 각각이 의미 있는 기여를 하며 협력하고 있습니다. 유연하고 빠른 대응이 필요한 변화의 시대에 매우 효과적인 팀 운영 방식입니다.

우리 팀의 팀십을 더 정교하게 다듬고자 한다면, 벨빈 진단을 통해 '우리 팀이 보유하고 있는 강점자산과 팀 안에 다양한 리더십이 어떻게 분포되어 균형을 이루는지 파악해 볼 수 있습니다. 벨빈 진단은 팀원 각자의 강점과 자연스러운 기여 방식 및 상호작용 패턴을 이해하는 데 큰 도움이 됩니다.

"완벽한 사람은 없다.
하지만 완벽한 팀은 만들 수 있다."

— Dr. Meredith Belbin

PART 1

팀의 문제를
진단하다

회의실 밖에서 본 풍경

난장판 회의

4월 14일 월요일 오전 10시

나는 상품개발팀 회의실 밖에 서 있었다. 유리창 너머로 팀 회의가 한창 진행 중이었다. 그러나 회의라기보다 난장판이라는 표현이 더 어울릴 것 같은 분위기였다.

준식이 화이트보드에 무언가 열정적으로 그리고, 기록하고 있었다.

"이번 신규 펀드에 AI 포트폴리오 리밸런싱 기능을 넣어보는 것은 어떨까요? 개인투자자가 목표수익률을 입력하면, AI가 자동으로 그 투자자에게 맞는 최적의 자산배분을 해 주는 기능이에요. 진짜 혁신적이죠?"

노트북을 보던 은지가 고개를 들었다.

"준식님, 우리 신규 펀드 출시까지 6주 정도 밖에 안남은 것은 알고 이야기하는거죠? 아마 준식님이 이야기한 것의 시스템 개발에만 최소 3~4개월은 걸릴겁니다."

은지의 의견에 대해 준식은 "그렇지만 이런 기능이 빠지면, 경쟁사 펀드와 차별화가 되지 않을 겁니다"라고 반대하고, 은지는 다시 "차별화도 당연한 것이지만, 출시부터 해야되잖아요. 신규 펀드 개발 일정이 2주나 밀린 점을 좀 더 진지하게 고려해 주셨으면 합니다"라고 말했다.

그러자 준식의 얼굴이 상기되었다.

"은지님은 왜 제가 제시하는 의견에 대해 매번 안된다고만 하시고, 새로운 시도를 절대 안하시려고 하는 건가요?"

은지가 목소리를 높였다.

"저는 현실적으로 생각하는 거예요! 준식님은 아이디어만 내고, 실제 출시는 우리한테 다 떠넘기잖아요!"

두 사람의 이야기를 조용히 듣고 있던 재표가 중재에 나서며 대안을 제시했다.

"이제 두 분 다 그만하세요! 이렇게 싸울 시간에 일이나 하시죠. 절대적으로 시간이 부족하니까, 일단 기본 펀드만 출시하고, 나중에 AI 포트폴리오 리밸런싱 기능을 업그레이드해야 할 것 같습니다."

이어서 지연이 조용히 말했다.

"어휴~ 제가 리스크 분석을 해 봤는데, 분명히 기본 펀드만으로는 투자자들이 실망할 겁니다."

이번에는 남우가 본인의 노트북 화면을 다른 사람들이 볼 수 있도록 들어서 보여주었다.

"데이터를 보면, 현재 우리 펀드 예상 수익률이 경쟁사 대비 무려 30bp 낮습니다. 시간에 쫓겨서 그냥 기본 펀드로만 출시하면, 우리는 또다시 실패하게 될 것이 자명해 보입니다."

계속해서 불안한 표정을 짓던 민형이 양손을 들었다.

"여러분, 이렇게 자기 이야기만 하지말고, 좀 더 차분하게 이야기했으면 합니다."

그렇지만 민형의 이야기를 아무도 듣지 않는 듯했고, 회의실 안에서 여러 개의 목소리들이 겹쳐서 들릴 뿐이었다.

"제 말이…", "하지만 일정이…", "데이터가 보여주잖아요", "혁신적이어야"

강팀장은 회의실 창을 등지고 머리를 감싸쥐고 앉아있었다. 강팀장의 노트북 화면에는 '회의 주제: 신규 펀드 출시 일정 확정'이라고 적혀 있었지만, 1시간 정도 진행된 회의에서 아무것도 결정되지 못했다.

결국 나는 오늘은 상품개발팀과 미팅이 어려울 것 같아서 다시 내 자리로 돌아왔다.

마침 나와 함께 일하는 후배 박수진이 커피를 마시고 있었다.

"수진님, 상품개발팀이랑 일해 본 적 있나요?"

수진이 고개를 끄덕였다.

"네, 1년 정도 전에 프로젝트를 하나 같이 한 적이 있었어요."

"어땠나요?"

수진이 한숨을 쉬었다.

"솔직히 힘들었어요. 상품개발팀은 모두 똑똑하고 열정적이기는 한데, 왜들 그렇게 서로 안맞는지 정말 모르겠어요. 준식님은 상품 아이디어를 계속 바꾸고, 은지님은 그때마다 짜증내고, 재표님은 빨리 출시하라고 압박하고, 그런 모습을 보는 저는 중간에서 눈치 보느라 매일매일 다크 서클이 내려앉았어요."

"지영님, 상품개발팀이 아직도 그런가요?"

나는 "더 심해진 것 같아요."라고 답하고, 노트북 화면을 켰다. 벨빈 팀역할에 대한 자료를 읽기 시작했다.

나는 메모를 했다.

'상품개발팀은 개개인은 뛰어났다. 그러나 함께 일할 때는 모두 힘들어 한다. 상품개발팀은 전형적인 아폴로팀일지도 모른다.'

이것이 바로 문제의 핵심이었다. 뛰어난 개인들이 모였는데, 왜 팀으로서는 제대로 작동하지 않는 것일까?

문제의 본질 파악

나는 오후 시간 동안 상품개발팀의 지난 6개월 간의 기록들을 살펴보았다.

▶ 실패한 프로젝트 패턴

- AI 기반 투자 펀드(작년 10월): 기획 단계에서 방향이 계속 바뀌어 출시 못함
- ESG(환경·사회·지배구조) 테마 ETF(작년 12월): 리스크 관리 미흡으로 규제 승인 실패
- 고배당 멀티에셋 펀드(올해 1월): 팀 내 의견 충돌로 개발 중단
- 스마트베타 펀드(올해 3월): 출시 지연으로 시장 타이밍 놓침

명확한 패턴이 관찰되었고, 나는 간략하게 메모했다.

- 창의적인 아이디어는 많지만, 실행으로 이어지지 못함
- 의사결정이 느리고, 팀 내 갈등이 반복됨
- 각자의 관점만 주장하고, 서로의 입장을 이해하지 못함
- 리더가 조율에 실패하고 있음

메모하면서 벨빈 세미나에서 배운 내용이 떠올랐다. '문제는 사

람이 아니라 역할의 불균형이다. 각자의 강점이 충돌하고 있을 뿐이다.'

나는 상품개발팀에 벨빈 진단을 도입하기로 마음 먹었다. 하지만 그 전에 박영준 대표를 설득해야 했다.

팀의 문제점을 찾기 위한 진단 질문 20개

실제 현업에서 강민준 팀장처럼 '내가 뭘 잘못하고 있는 걸까?' 라고 자책하는 리더들이 많습니다. 하지만 문제는 리더십이 아니라 팀 구성과 역할 이해일 수 있습니다. 다음 20가지 질문으로 여러분의 팀을 진단해보세요.

▶ **섹션 1: 팀역할 다양성(5문항)**

1. 우리 팀에 새로운 아이디어를 계속 제시하는 사람이 있는가?

2. 제안된 아이디어를 신중하게 분석하고 평가하는 사람이 있는가?

3. 계획을 실제로 실행으로 옮기는 데 강한 사람이 있는가?

4. 프로젝트를 완벽하게 마무리하는 데 집착하는 사람이 있는가?

5. 팀 분위기를 살피고 화합을 중시하는 사람이 있는가?

(3개 이하 체크: 역할 다양성 부족. 특정 역할이 과다하거나 부족할 가능성)

▶ **섹션 2: 역할 충돌 인식(5문항)**

6. "왜 항상 새로운 것만 하려고 해?" vs "왜 항상 안 된다고만 해?" 같은 대립

   이 있는가?

7. "너무 느려" vs "제대로 하자" 같은 속도 관련 갈등이 있는가?

8. "큰 그림을 봐야 해" vs "디테일이 중요해" 같은 관점 차이가 있는가?

9. "도전해야 해" vs "리스크를 고려해야 해" 같은 충돌이 있는가?

10. "빨리 결정하자" vs "더 생각해보자" 같은 의사결정 속도 충돌이 있는가?

(3개 이상 체크: 전형적인 역할 갈등. 벨빈 진단으로 해결 가능)

▶ **섹션 3: 리더의 조율 능력(5문항)**

11. 나는 팀원들의 강점이 무엇인지 명확히 말할 수 있는가?

12. 나는 프로젝트 단계별로 누구에게 주도권을 줄지 결정할 수 있는가?

13. 팀원 간 충돌 시 나는 중재할 수 있는 프레임워크를 가지고 있는가?

14. 나는 회의에서 특정 팀원의 발언 시간을 조절할 기준을 가지고 있는가?

15. 나는 팀에 어떤 역할이 부족한지 파악하고 있는가?

(3개 이하 체크: 역할 기반 리더십 교육 필요. 벨빈 지휘조절자 역할 학습 권장)

▶ **섹션 4: 팀 성숙도(5문항)**

16. 팀원들은 서로의 업무 방식을 이해하고 존중하는가?

17. 프로젝트 단계별로 자연스럽게 주도권이 이동하는가?

18. 팀원들이 자신의 강점과 약점을 솔직하게 인정하는가?

19. 갈등이 생겨도 관계는 유지되는가?

20. 팀원들이 "우리 팀만의 일하는 방식"에 대해 이야기할 수 있는가?

(4개 이상: 성숙한 팀 / 2개 이하: 팀 발달 초기. 벨빈 도입 적기)

▶ **종합 진단 결과**

15개 이상 긍정	건강한 팀
10-14개 긍정	개선 여지 큼
5-9개 긍정	하모닉증권 상품개발팀 수준
5개 미만 긍정	위기 상태. 외부 전문가 도움 필요

대표와의 대화

또 진단을 하겠다는 겁니까?

4월 15일 화요일 오후 3시

나는 박영준 대표를 찾아갔다.

대표는 창가에 서서 여의도 금융가를 바라보고 있었다.

"대표님."

"아, 지영님, 무슨 일이에요?"

"상품개발팀 건입니다."

순간 대표의 표정이 어두워졌다.

"그 팀을 어떻게 해야 할까요? 주주들이 계속 신규 상품 출시를 물어봐요. 근데 최근 6개월 동안 제대로 된 상품이 없어서 저도 뭐리 답변을 하지도 못하고 있는 상황이에요."

“그래서 제안이 있습니다.”

“뭐죠?”

“벨빈 팀역할 진단을 도입하고 싶습니다.”

박영준 대표의 반대

대표의 미간이 크게 찌푸려졌다.

“또 진단을 해보겠다는 겁니까?”

“지영님, 지영님은 우리 회사가 조직문화를 개선하기 위해 지난 2년간 뭘했는지 누구보다 더 잘 알고 있으시잖아요? 2년 전에 MBTI로 조직활성화 워크숍을 했고, 작년에는 많은 비용을 들여서 강점진단도 했어요. 그때마다 돈도 많이 들었지만, 시간도 많이 썼죠. 근데 결과가 뭐였어요? 처음 몇 주는 좋다가 결국 제자리예요.”

대표의 말이 틀리지 않았다. 그리고 이런 대표의 반응은 당연한 것이라고 생각했다.

“대표님의 말씀이 맞습니다. 하지만…”

“하지만? 지영님, 솔직히 말해 보세요. 이번에는 뭐가 다른데요? 또 HR에서 일회성 워크숍 하고, 보고서 받고, 그거 컴퓨터 속의 파일로 묻어두는 것 아닌가요?”

박영준 대표가 자리에 앉으며 손을 내저었다.

"미안하지만, 저는 이제 진단 도구에 대한 믿음이 없습니다. 차라리 그 돈으로 팀원들에게 성과급을 주든지, 복지 혜택을 늘리는 것이 나을 것 같습니다."

차별화 포인트 설명

나는 당황하지 않고, 천천히 말했다.

"대표님, 제가 왜 그 진단들이 효과가 없었는지 알 것 같습니다."

"왜죠?"

나는 노트북에서 3개의 진단 도구를 비교한 표를 보여주면서 설명했다.

MBTI vs 갤럽 강점진단 vs 벨빈 진단 비교

진단 소개	MBTI	개인의 성격 선호경향(선천적/심리적 성향)을 4가지 선호지표(에너지 방향, 인식 방식, 판단 방식, 생활 양식)로 구분하여 16가지 유형으로 제시하는 성격유형 검사
	갤럽 강점진단	자신의 타고난 재능과 강점을 찾을 수 있도록 도와주는 자기진단 프로그램: 34개 재능테마 확인
	벨빈 진단	팀성과를 내는 9가지 팀역할(Team Roles)에 대해 개인 및 팀을 진단하고, 구성원과 팀성과 높이기 위한 협업 방법을 제공하는 진단도구

진단 목적	**MBTI**	개인의 성향을 이해해 의사소통 스타일, 갈등 대응 방식, 리더십/협업 특징을 파악하고 자기 이해 및 대인관계를 향상하는 데 활용
	갤럽 강점진단	개인의 타고난 강점을 발견하고 개발하여 개인의 성장과 성과 향상에 활용
	벨빈 진단	팀의 역할 균형과 협업 방식을 진단하여 팀의 성과를 높이고 팀원 간 효과적인 협업 방식을 제시
진단 소요시간	**MBTI**	20~30분 내외
	갤럽 강점진단	30~40분 내외
	벨빈 진단	자가진단: 15~20분 / 관찰자 평가 : 5분
특이사항	**MBTI**	• 16가지 성격유형 중 하나로 분류되지만 정확한 행동 예측보다는 "성향 경향성"을 설명하는 데 강점 • 개인 성향 이해 및 팀 커뮤니케이션 교육에서 활용도가 높음
	갤럽 강점진단	• 개인의 상위 강점 5개 또는 34개 강점 순위를 제공하며, 팀 내 강점 분포 확인 가능 • 개인의 강점 개발에 특화
	벨빈 진단	• 개인 역할 진단과 함께 팀 보고서를 제공하여 팀역할의 균형 상태, 역할 간 충돌 지점, 협업 방법을 구체적으로 제시 • 자가진단과 관찰자 평가를 결합하여 객관성 확보 • 팀 협업 개선, 직무 적합성에 특화

* ChatGPT로 작성

"대표님, 보시는 것처럼 갤럽 강점진단과 MBTI는 '개인'에 초점이 맞춰져 있습니다. 개인의 강점, 개인의 행동 패턴을 이해하는 데는 훌륭한 도구입니다. 그래서 우리가 사용했을 때도 직원들이 '아, 나는 이런 사람이구나'하고 이해하는 데는 도움이 되었습니다."

“맞아요. 그런데 그게 팀의 성과로 이어지지 않았어요.”

“바로 그겁니다, 대표님. 문제는 우리에게 필요한 것은 개인의 이해가 아니라 ‘팀으로서 어떻게 일할 것인가’였기 때문입니다. 벨빈은 처음부터 ‘팀’을 위해 만들어진 도구입니다.”

나는 추가 설명을 이어갔다.

“벨빈의 가장 큰 차별점은 세 가지입니다.”

첫째, 팀역할 개념입니다.

“벨빈은 개인의 성격이나 강점이 아니라, ‘팀에서 어떤 역할을 하는가’에 초점을 맞춥니다. 같은 사람도 상황에 따라 다른 역할을 할 수 있고, 팀에 필요한 역할이 무엇인지 명확히 보여줍니다.”

둘째, 팀 보고서입니다.

“개인 보고서뿐만 아니라 팀 전체 보고서를 제공합니다. 우리 팀에 어떤 역할이 많고, 어떤 역할이 부족한지, 역할 간 충돌이 어디서 발생하는지 한눈에 볼 수 있습니다.”

셋째, 실행 가능한 가이드입니다.

“벨빈은 진단에서 끝나지 않습니다. 각 역할이 어떻게 협업해야 하는지, 강점을 어떻게 활용하고 약점을 어떻게 보완하는지 구체적인 방법을 찾을 수 있습니다.”

대표의 조건부 승인

대표가 잠시 생각에 잠겼다가 물었다.

"그래서 지영님이 제안하시는 건 정확히 뭡니까?"

"대표님, 저는 이번에 벨빈을 제대로 해보고 싶습니다. 우선 상품개발팀에 파일럿으로 적용해서 성과를 만들고, 그것이 검증되면 전사로 확대하는 거죠."

"전사요?"

"네, 대표님. 상품개발팀만의 문제가 아니지 않습니까? 저희 조직문화 설문 결과를 보면, 영업1팀, 리서치팀도 팀 내 갈등 점수가 높았습니다. 각 팀의 문제 원인은 다를 수 있지만, 해결 방법은 같을 수 있습니다. 바로 '팀원들이 서로의 역할을 이해하고 협업하는 것'이죠."

대표가 팔짱을 끼며 말했다.

"음… 충분히 이해할 수 있습니다. 하지만 지영님, 솔직히 아직도 확신이 서지 않습니다. 전사로 한다는 건 큰 비용과 시간 투자인데…"

"맞습니다, 대표님. 그래서 저도 처음부터 전사로 하자는 게 아닙니다. 먼저 상품개발팀에서 명확한 성과를 내고, 그것을 기반으로 단계적으로 확대하자는 겁니다. 상품개발팀이 성공하면, 그 사례가 다른 팀들에게도 설득력 있는 증거가 될 겁니다."

대표가 잠시 생각에 잠겼다. 그리고 천천히 입을 열었다.

"지영님, 솔직히 아직도 반신반의합니다. 하지만 지영님이 이렇게 확신을 가지고 말씀하시니… 일단 한 번 해보시죠."

"감사합니다, 대표님."

"하지만 조건이 있습니다."

"말씀하십시오."

"첫째, 지영님의 제안처럼 우선 상품개발팀에만 먼저 적용해 보세요. 전사 확산은 그 다음에 결과를 보고 판단하겠습니다."

"네, 대표님. 그게 맞습니다."

"둘째, 3개월 안에 가시적인 변화가 있어야 합니다. 팀 분위기 개선, 의사결정 속도 향상, 그리고 무엇보다 신규 상품 출시 성공. 이 세 가지가 보이지 않으면, 더 이상 진행하지 않겠습니다."

"알겠습니다."

"셋째, 지영님이 벨빈 진단을 직접 배우고, 우리 회사 내부에서 이것을 지속할 수 있는 역량을 만들어야 합니다."

이 조건은 오히려 내가 원하던 것이었다.

"대표님, 제가 벨빈 코리아와 상의해서 내부 전문가 양성 프로그램도 함께 진행하도록 하겠습니다."

대표가 마지막으로 당부했다.

"지영님, 저는 지영님을 믿습니다. 하지만 이것이 마지막 기회라고 생각하세요. 이번에도 실패하면, 상품개발팀은… 팀 전체를 재편해야 할 수도 있습니다."

그 말의 무게를 느끼며, 나는 고개를 끄덕였다.

"대표님, 반드시 성공시키겠습니다."

실행 계획 수립

박영준 대표와의 미팅을 마치고, 나는 즉시 벨빈 코리아에 연락했다. 그리고 다음과 같은 실행 계획을 수립했다.

▶ **4월 셋째 주(4월 21~25일)**

- 상품개발팀 전원 벨빈 진단 실시

- 개인 보고서 및 팀 보고서 생성

▶ **4월 넷째 주~5월 둘째 주(4월 28일~5월 12일)**

- 벨빈 9가지 팀역할 교육

- 역할별 강점과 약점 이해

- 팀역할 맵핑 워크숍

▶ **5월 셋째 주~6월**

- 실제 업무에 벨빈 적용

- 주간 회고 및 코칭

- 신규 상품 개발 프로젝트 진행

▶ **7월**

- 3개월 결과 평가
- 전사 확산 검토

나는 캘린더에 이 일정을 표시하면서 생각했다.

'이제 시작이다. 상품개발팀을 변화시키고, 나아가 하모닉증권 전체를 바꿀 여정의 시작이다.'

그리고 동시에 두려움도 느꼈다. '만약 이것마저 실패한다면?' 하지만 벨빈 세미나에서 본 사례들이 용기를 주었다. 수많은 팀들이 벨빈으로 변화했다. 우리도 할 수 있을 것이다.

나는 상품개발팀 강민준 팀장에게 메시지를 보냈다.

'팀장님, 내일 오후에 30분 정도 미팅 가능하신가요? 팀에 도움이 될 만한 제안이 있습니다.'

잠시 후 답장이 왔다.

'네, 지영님. 오후 2시 어떠세요? 저희 회의실에서 뵐까요?'

'좋습니다. 내일 뵙겠습니다.'

나는 노트북을 닫으면서 깊은 숨을 들이쉬었다.

'자, 이제 진짜 시작이야. 상품개발팀, 우리 함께 최강팀을 만들어 보자.'

벨빈 진단을 선택해야 하는 경우

- 팀 성과가 저조하고 협업에 문제가 있을 때

- 신규 팀을 구성하거나 팀을 재편할 때

- 프로젝트 팀의 역할 분담을 최적화하고 싶을 때

- 팀 내 갈등이 잦고 그 원인을 파악하고 싶을 때

- 채용 시 팀에 부족한 역할을 보완하고 싶을 때

조직진단도구 비교표

역사	벨빈 진단	1970~80년대 Meredith Belbin 박사가 팀역할 연구 기반 개발
	DISC	1920~30년대 Marston의 행동이론 기반
	버크만 진단	1950년대 Roger Birkman 박사 개발
	갤럽 강점 진단	1998년 Don Clifton의 강점 연구 기반 개발
진단 목적	벨빈 진단	개인의 팀 내 역할 파악, 협업·갈등 원인 분석, 팀 균형 향상
	DISC	행동 성향·소통 방식 이해 및 갈등관리, 리더십 개발
	버크만 진단	평소/스트레스 행동·욕구·동기 분석으로 조직 적응 지원
	갤럽 강점 진단	개인의 타고난 강점 기반 성과 향상·역할 배치·리더십 개발
진단 결과	벨빈 진단	• 9가지 팀역할 비율 및 선호 역할 분석 • 개인보고서 제공 • 팀보고서 제공(팀역할균형, 충돌 지점, 협업 전략 포함)
	DISC	• D/I/S/C 4요인 기반 행동·커뮤니케이션 스타일 제공 • 개인보고서 제공 • 팀보고서 제공(유형 분포, 팀 경향 분석)

진단 결과	버크만 진단	• 행동 패턴·스트레스 행동 변화·내적 욕구·동기 분석 • 개인보고서 제공 • 팀보고서(그룹 보고서) 옵션 제공
	갤럽 강점 진단	• 개인 상위5 또는 전체 34강점 결과 제공 • 개인보고서 제공 • 팀 강점 매핑 보고서 제공(Team Grid)
진단 소요 시간	벨빈 진단	15~20분(관찰자 평가 포함 시 추가 5~10분)
	DISC	10~15분
	버크만 진단	30~40분
	갤럽 강점 진단	30~40분
진단 비용	벨빈 진단	개인 5~7만 원
	DISC	약 1만 원
	버크만 진단	16,000~26,000원
	갤럽 강점 진단	Top5 약 3만 원 / 34강점 약 7만 원
특이 사항	벨빈 진단	팀 기반 분석 강점, 팀역할 충돌·리스크 파악 우수
	DISC	교육현장 활용도 가장 높음, 해석 직관적
	버크만 진단	스트레스 상황 행동 분석 강점, 행동·욕구·동기 통합 진단
	갤럽 강점 진단	강점 개발 특화, 성장·몰입 향상 프로그램과 연계 용이
참고 사이트	벨빈 진단	www.belbin.com, www.belbinkorea.com
	DISC	www.discprofile.com
	버크만 진단	www.birkman.com
	갤럽 강점 진단	www.gallup.com/cliftonstrengths

* ChatGPT로 작성

PART 2

벨빈 9가지 림역할 이해하기

창조자
Plant

황준식의 발견

#아이디어 발명가 #창의력 하드캐리 #엉뚱한 천재 #상상력 폭발

4월 28일 월요일 오전 10시

벨빈 진단 후 일주일이 지났다. 나는 상품개발팀과 함께 본격적인 벨빈 역할 교육을 시작했다. 오늘의 주제는 '창조자^{Plant}'였다.

회의실에 모인 팀원들 앞에서 나는 화이트보드에 큰 전구 그림을 그렸다.

"여러분, 창조자를 한 단어로 표현한다면 무엇일까요?"

준식이 바로 손을 들었다.

"아이디어!"

"정확합니다. 창조자는 팀의 아이디어 발전소예요. 벨빈 박사가 연구할 때 창조자를 'Plant'라고 이름 붙인 이유가 있습니다. 팀에

'심어진planted' 씨앗처럼, 창조자는 팀에 새로운 아이디어를 심어주는 사람이기 때문이에요."

나는 준식의 벨빈 보고서를 화면에 띄웠다.

▶ **창조자의 핵심 특징**

- 창의적이고 혁신적인 사고
- 문제를 다른 각도에서 바라보는 능력
- 기존 방식에 얽매이지 않는 자유로운 발상
- 독창적인 해결책 제시

"준식님, 준식님은 지난 1년 동안 몇 개 정도의 상품 아이디어를 내셨나요?"

준식이 잠시 생각하더니 말했다.

"글쎄요… 아마 50개는 넘을 것 같은데요. 물론 실제로 개발된 건 몇 개 안되지만요."

"맞습니다. 창조자는 아이디어를 많이 냅니다. 그리고 그 중 대부분은 실행되지 않아도 괜찮습니다. 왜냐하면 창조자의 역할은 '실행'이 아니라 '발상'이기 때문입니다."

은지가 물었다.

"그럼 나머지 아이디어들은 다 버리는 건가요?"

"버리는 게 아니라, 팀이 선택하는 겁니다. 창조자가 10개의 아이디어를 내면, 냉철판단자가 분석하고, 실행자가 실행 가능성을 검토하고, 팀이 그 중 1~2개를 선택해서 실행하는 거죠. 이것이 팀워크입니다."

창조자의 강점과 약점

나는 다음 슬라이드를 넘겼다.

▶ **창조자의 강점**

- 혁신적인 아이디어 제공

- 문제 해결의 새로운 관점 제시

- 팀의 창의성 자극

- 고정관념 타파

▶ **창조자의 용인할 만한 약점***

- 실행 가능성을 간과할 수 있음

- 세부사항에 약함

* 용인할 만한 약점(Allowable Weakness)이란, 특정 팀역할의 강점이 효과적으로 발휘되는 과정에서 불가피하게 동반되는, 예측 가능하고 관리 가능한 부작용 수준의 행동 특성의 의미한다. 용인할 만한 약점은 다른 역학의 강점으로 충분히 보완 가능하다고 전제된 약점이다.

- 아이디어를 자주 바꿀 수 있음

- 다른 사람의 의견을 잘 듣지 않을 수 있음

"준식님, 지난 프로젝트에서 가장 힘들었던 순간이 언제였나요?"

준식이 머리를 긁적이며 말했다.

"음… 제 아이디어를 팀원들이 '안 된다'고 할 때요. 특히 은지님이 '일정상 불가능하다'고 하거나, 남우님이 '데이터상 리스크가 크다'고 할 때 정말 답답했어요."

"그럴 때 어떤 기분이 들었나요?"

"제 아이디어가 거부당하는 것 같아서 속상했어요. '왜 내 말을 안 들어주지?'라는 생각도 들었고요."

"바로 그겁니다. 창조자에게 가장 힘든 순간은 자신의 아이디어가 거부당할 때예요. 하지만 팀원들은 준식님의 아이디어를 거부한 게 아니라, 실행 가능성을 검토한 거였죠."

은지가 고개를 끄덕이며 말했다.

"맞아요. 저는 준식님의 아이디어가 싫어서 반대한 게 아니었어요. 그냥 출시 일정상 불가능하다고 판단했을 뿐이에요."

"이것이 바로 역할의 차이입니다. 창조자는 가능성을 보고, 실행자는 실행 가능성을 봅니다. 둘 다 필요한 관점이에요."

창조자와 함께 일하는 법

나는 팀원들에게 유인물을 나눠주었다.

창조자와 효과적으로 협업하는 방법

▶ DO(이렇게 하세요)

- 자유롭게 아이디어를 낼 수 있는 환경을 만들어주세요

- "흥미로운 생각이네요, 좀 더 자세히 말씀해주시겠어요?"라고 격려하세요

- 아이디어 단계에서는 비판을 보류하세요

- 독창성을 인정하고 존중하세요

- 혼자 생각할 수 있는 시간과 공간을 제공하세요

▶ DON'T(이렇게 하지 마세요)

- "그건 안 돼요"라고 즉시 거부하지 마세요

- "현실적으로 생각하세요"라고 틀에 맞추려 하지 마세요

- 아이디어를 낸 직후에 세부사항을 요구하지 마세요

- 과도한 규칙과 절차로 제한하지 마세요

재표가 손을 들었다.

"그럼 준식님이 아이디어를 낼 때 우리는 무조건 '좋다'고만 해야

하나요? 그건 아닌 것 같은데요.”

“좋은 질문입니다. 무조건 좋다고만 하는 게 아니라, ‘타이밍’과 ‘방법’의 문제예요. 아이디어를 낼 때는 격려하고, 아이디어를 검증할 때는 함께 분석하는 거죠.”

나는 화이트보드에 프로세스를 그렸다.

창조자 중심의 협업 프로세스

▶ **1단계: 아이디어 발산(창조자 주도)**

- 자유롭게 아이디어 제시
- 팀원들은 경청하고 질문

▶ **2단계: 아이디어 검증(냉철판단자, 전문가 주도)**

- 데이터로 분석
- 실행 가능성 검토
- 리스크 평가

▶ **3단계: 실행 계획(실행자, 완결자 주도)**

- 구체적인 실행 계획 수립
- 일정 및 자원 배분

▶ **4단계: 추진(추진자, 지휘조절자 주도)**

- 실행 및 모니터링
- 문제 발생 시 조정

"보세요. 각 단계마다 필요한 역할이 다릅니다. 준식님은 1단계에서 빛을 발하고, 은지님은 3단계에서 빛을 발해요. 이것을 이해하면 충돌이 줄어듭니다."

실전 연습: 창조자의 역할 체험

"자, 이제 실습해 볼까요? 준식님, 지금 당장 떠오르는 신규 상품 아이디어가 있나요?"

준식의 눈이 반짝였다.

"네! 사실 요즘 생각하고 있는 게 있어요. 'ESG 점수 자동 조절 펀드'인데요…."

"잠깐만요!" 내가 준식의 말을 멈췄다. "여러분, 지금 준식님이 아이디어를 말하려고 합니다. 여러분은 어떻게 반응하시겠어요?"

예전 같았으면 은지가 '또 시작이네'라고 생각했을 것이다. 하지만 지금은 달랐다.

은지가 조금 어색한 듯한 표정을 지으면서 말했다.

"준식님, 흥미로운 주제네요. ESG 점수를 어떻게 자동으로 조절한다는 건가요?"

준식이 활기차게 설명하기 시작했다.

"투자자가 ESG 중요도를 설정하면, 포트폴리오가 자동으로 그에

맞춰 조정되는 거예요. 예를 들어 환경(E)을 80%, 사회(S)를 60%,
지배구조(G)를 40%로 설정하면….”

남우가 노트북을 열면서 말했다.

“흥미롭네요. 그런 기능을 구현하려면 실시간 ESG 데이터가 필
요할 텐데, 일단 데이터 가용성부터 확인해봐야겠어요.”

지연이 말했다.

“ESG 점수 조절은 투자자 맞춤형 서비스라는 점에서 좋지만, 리
스크 관리 측면에서는 검토가 필요해 보여요.”

재표가 말했다.

“시장에서 ESG에 대한 관심이 높아지고 있으니, 타이밍은 좋아
보입니다.”

나는 미소를 지으며 말했다.

“보세요! 이게 바로 팀워크예요. 준식님이 아이디어를 내고, 남
우님이 데이터를 확인하고, 지연님이 리스크를 검토하고, 재표님이
시장 타이밍을 분석해요. 각자의 역할이 연결되고 있어요.”

준식이 환하게 웃으며 말했다.

“이렇게 일하니까 정말 좋네요! 예전에는 제 아이디어를 말하면
다들 안 된다고만 해서 속상했는데, 이제는 제 아이디어를 발전시
켜주는 느낌이에요.”

강팀장이 말했다.

“좋습니다. 그럼 이 아이디어를 다음 신규 상품 후보로 검토해 볼

까요? 남우님, 이번 주 내로 데이터 가용성 확인해주시고, 지연님은 리스크 예비 검토 부탁드립니다."

"네, 팀장님!"

창조자 깊이 알기

창조자들이 스스로와 주변을 힘들게 하는 점

팀장이 창조자일 때, 회의 중 갑자기 "이거 완전히 새로운 방식으로 해보면 어때요?"라며 이미 70% 진행된 프로젝트의 방향을 뒤집으려 한다. 본인은 더 나은 아이디어가 떠올랐으니 당연히 바꿔야 한다고 생각하지만, 팀원들은 그동안 야근까지 하면서 만든 결과물들이 물거품이 될까 봐 속이 타들어 간다. "왜 진작 말씀 안 하셨어요?"라는 팀원의 물음에 "그때는 이 아이디어가 없었으니까"라고 태연하게 답한다. 창조자 팀장 밑에서 일하는 팀원들은 '오늘은 또 무슨 새로운 방향이 나올까'를 걱정하며 출근하게 된다.

하모닉증권 상품개발팀의 황준식처럼 실무자가 창조자인 경우, 창조자는 기획안을 제출하면서 "세부 실행 계획은 누군가 채워주겠지"라는 식으로 큰 그림만 던져놓고, 구체적인 일정이나 예산은 빈칸으로 남겨둔다. 팀장이나 동료가 "그래서 언제까지 되는 건데?"라고 물으면 멍한 표정을 짓는다. 황준식이 주말 새벽에도 "방금 좋은 아이디어가 생각났는데요!"라며 팀장에게 장문의 카톡을 보내는 것처럼, 창조자는 번뜩이는 순간을 참지 못한다. 아이디어 회의에서는 빛나지만, 후속 실무 회의에는 관심이 없어 자리를 비우기 일쑤다.

더 큰 문제는 창조자가 자신의 아이디어에 대한 비판을 받아들이지 못할 때다. "그건 리스크가 있어요"라는 피드백에 "왜 항상 부정적이에요?"라고 반응하거나, 아예 듣지 않고 다음 아이디어로 넘어가버린다. 실행자이면서 완결자인 이은지가 "컴플라이언스에 확인했어요?"라고 물을 때마다 황준식이 귀찮아하는 표정을 짓는 것처럼, 창조자는 현실적 제약을 '창의성을 가로막는 장애물'로 여기는 경향이 있다. 결국 아이디어는 많지만 실제로 성공시킨 프로젝트가 적어 '말만 번지르한 사람'이라는 평가를 받기도 한다.

창조자들이 함께 할 때 도움을 받을 수 있는 팀역할

이은지와 같은 실행자Implementer와 짝을 이루면 창조자의 혁신적 아이디어가 실현 가능한 계획으로 전환된다. 실행자는 "좋은 아이디어네요, 그러면 이렇게 단계별로 나눠볼까요?"라며 창조자의 비전을 구체적인 로드맵으로 바꿔준다. 김남우와 같은 냉철판단자Monitor Evaluator는 아이디어의 현실성을 냉정하게 점검해주어, 창조자가 실행 불가능한 방향으로 치닫는 것을 막아준다. "이 수익률을 데이터로 증명할 수 있을까요?"라는 질문이 처음엔 불편하지만, 결국 아이디어의 완성도를 높여준다.

냉철판단자

Monitor Evaluator

김남우의 발견

#냉철한 이성 #현실주의 판독기 #느릿한 비평가 #논리 끝판왕

4월 29일 화요일 오전 10시

오늘의 주제는 '냉철판단자Monitor Evaluator'였다. 나는 화이트보드에 저울 그림을 그렸다.

"여러분, 팀에서 가장 객관적인 사람은 누구일까요?"

팀원들이 일제히 남우를 바라봤다.

남우가 쓴웃음을 지으며 말했다.

"제가요? 저는 그냥 데이터를 보고 말할 뿐인데…."

"바로 그겁니다, 남우님. 냉철판단자는 팀의 '객관성 지킴이'예요. 감정이나 분위기에 휩쓸리지 않고, 오직 데이터와 논리로 판단하는 사람이죠."

나는 남우의 벨빈 보고서를 화면에 띄웠다.

▶ **냉철판단자의 핵심 특징**

- 객관적이고 공정한 판단

- 데이터와 사실에 기반한 분석

- 신중하고 꼼꼼한 검토

- 장단점을 균형있게 평가

- 성급한 결정 방지

"남우님, 지난 프로젝트에서 준식님의 아이디어를 검토하실 때 어떤 과정을 거치셨나요?"

남우가 대답했다.

"먼저 유사한 상품의 데이터를 찾아봤어요. 그 다음에 우리 상품의 예상 수익률을 계산하고, 경쟁사와 비교했죠. 그리고 리스크 요인도 분석했어요."

"정확합니다. 냉철판단자는 체계적으로 분석해요. 이것이 냉철판단자의 가장 큰 강점입니다."

냉철판단자가 오해받는 이유

나는 다음 슬라이드를 넘겼다.

▶ 냉철판단자의 강점

- 객관적인 의사결정 지원

- 리스크와 기회의 균형있는 평가

- 성급한 결정 방지

- 팀의 실수 예방

- 전략적 사고

▶ 냉철판단자의 용인할 만한 약점

- 의사결정이 느릴 수 있음

- 비판적으로 보일 수 있음

- 열정을 꺾을 수 있음

- 완벽한 데이터를 요구할 수 있음

- 때로 우유부단해 보일 수 있음

"남우님, 솔직히 물어볼게요. 팀원들이 남우님을 어떻게 생각한다고 느끼셨나요?"

남우가 잠시 망설이다가 조심스럽게 말했다.

"글쎄요…. 아마 '부정적인 사람', '맨날 안 된다고 하는 사람'이라고 생각하지 않을까요?"

준식이 손을 들었다.

"남우님, 죄송하지만 사실이에요. 저는 남우님이 제 아이디어를 싫어한다고 생각했어요. 남우님이 데이터를 보여주실 때마다 제 아이디어가 형편없는 것처럼 느껴졌거든요."

남우의 표정이 어두워졌다.

"역시 그렇군요…. 저는 그냥 객관적으로 분석한 것뿐인데…."

나는 재빨리 개입했다.

"잠깐만요! 이것이 바로 냉철판단자가 겪는 가장 큰 오해예요. 냉철판단자는 부정적인 게 아니라 객관적인 거예요. 준식님, 남우님이 지난번에 준식님 아이디어에 대해 뭐라고 하셨죠?"

"'경쟁사 유사 상품 대비해서 예상 수익률이 낮고, 변동성이 클 때 손실 위험이 크다'고 하셨어요."

"그게 부정적인 말인가요, 아니면 객관적인 분석인가요?"

준식이 잠시 생각하더니 말했다.

"음… 다시 생각해보니 객관적인 분석이네요. 사실을 말씀해주신 거였군요."

"맞습니다! 남우님은 준식님의 아이디어를 비판한 게 아니라, 리스크를 분석해준 거예요. 오히려 준식님을 도와준 거죠. 만약 남우님의 분석이 없었다면 어땠을까요?"

재표가 말했다.

"우리가 리스크가 큰 상품을 출시했을 수도 있어요. 그럼 투자자들에게 손실을 입혔을 거고, 회사 평판도 나빠졌겠죠."

남우의 표정이 조금 밝아졌다.

"그렇게 생각해주시니 감사합니다. 저는 팀에 도움이 안 되는 사람인 줄 알았어요."

냉철판단자와 창조자의 협업 원칙

나는 화이트보드에 협업 프로세스를 그렸다.

냉철판단자와 창조자의 협업 원칙

▶ 1단계 창조자: 아이디어 제시

- 자유롭게 아이디어 제안
- 가능성에 집중

▶ 2단계 냉철판단자: 긍정 먼저

- "흥미로운 아이디어네요"로 시작
- 아이디어의 강점 인정

▶ 3단계 냉철판단자: 객관적 분석 제시

- 데이터 기반으로 리스크 제시
- "다만, 이런 점은 고려가 필요해 보입니다"

▶ 4단계 팀 전체: 해결책 논의

- 냉철판단자: "이 문제를 어떻게 해결할 수 있을까요?"
- 팀 전체가 함께 해결책 모색

"자, 이제 상황극을 해볼까요. 준식님이 새로운 아이디어를 제안하고, 남우님이 분석하는 상황입니다."

준식이 말했다.

"남우님, 이번에 AI ESG 펀드를 만들어보는 것은 어떨까요?"

남우가 기존 방식대로 말하려다가 멈췄다. 그리고 새로운 방식으로 말했다.

"준식님, 정말 혁신적인 아이디어네요. AI와 ESG를 결합한다는 발상이 참신합니다."

준식의 얼굴이 밝아졌다.

남우가 계속 이어갔다.

"다만, 제가 데이터를 분석해보니 몇 가지 고려할 점이 있습니다. 현재 ESG 펀드들의 평균 수익률이 일반 펀드보다 약간 낮고, AI 기술 구현에 시간이 걸릴 수 있습니다. 이런 점들을 어떻게 해결할 수 있을까요?”

준식이 생각하며 말했다.

“AI 기술은 외부 전문 업체와 협력하면 시간을 단축할 수 있을 것 같아요. 그리고 수익률 문제는…”

지연이 말을 이었다.

“리스크를 낮추는 안전장치를 추가하면, 수익률은 조금 낮아도 안정성으로 승부할 수 있을 것 같습니다.”

나는 박수를 쳤다.

“훌륭합니다! 남우님은 ‘긍정-문제-질문’ 순서로 말씀하셨고, 그 결과 준식님은 상처받지 않고 오히려 해결책을 생각했어요. 그리고 지연님까지 자연스럽게 참여했죠. 이게 바로 냉철판단자의 올바른 역할입니다.”

냉철판단자와 효과적으로 협업하기

나는 팀원들에게 유인물을 나눠주었다.

냉철판단자와 효과적으로 협업하는 방법

▶ DO(이렇게 하세요)

- 충분한 데이터와 정보를 제공하세요

- 분석할 시간을 주세요

- 우려사항을 자유롭게 표현하도록 격려하세요

- 객관적인 의견을 존중하세요

- "데이터상으로는 어떻게 보이나요?"라고 물어보세요

▶ DON'T(이렇게 하지 마세요)

- "너무 부정적이에요"라고 비난하지 마세요

- 즉각적인 판단을 강요하지 마세요

- 감정에 호소하지 마세요

- 데이터 없이 의견만 물어보지 마세요

- "그냥 빨리 결정합시다"라고 압박하지 마세요

재표가 물었다.

"그럼 급한 상황에서는 어떻게 하죠? 냉철판단자는 분석하는데 시간이 걸리잖아요."

"좋은 질문이에요. 그럴 때는 '최소 필수 데이터'만 분석하도록 요청하세요. 예를 들어 '남우님, 이 결정을 하기 위해 꼭 확인해야 할 핵심 데이터 3가지만 분석해주실 수 있나요?'라고 하는 거죠."

남우가 고개를 끄덕였다.

"그렇게 말씀해주시면 제가 우선순위를 정해서 빠르게 분석할 수 있을 것 같아요."

냉철판단자를 위한 커뮤니케이션 팁

회의 후, 나는 남우와 따로 이야기를 나눴다.

"남우님, 오늘 어떠셨어요?"

남우가 솔직하게 말했다.

"사실 놀랐어요. 제가 팀에 부담만 주는 사람인 줄 알았는데, 제 역할이 필요하다는 걸 알게 됐거든요. 그리고 '긍정-문제-질문' 방식으로 말하니까 팀원들의 반응이 정말 달라지더라고요."

"그렇죠? 남우님의 분석 능력은 팀의 소중한 자산이에요. 이제 전달 방식만 조금 바꾸면, 남우님의 기여가 더 명확하게 보일 거예요."

"지영님, 한 가지 더 여쭤봐도 될까요?"

"물론이죠."

"저는 분석하다 보면 너무 많은 데이터를 보게 되는데, 다 설명하려니까 사람들이 지루해하는 것 같아요. 어떻게 하면 좋을까요?"

"훌륭한 질문이에요. 냉철판단자를 위한 보고 팁을 알려드릴게요."

나는 노트에 적어주었다.

냉철판단자를 위한 효과적인 보고 방법

▶ **결론 먼저** Bottom Line Up Front

- "분석 결과, 이 상품은 출시 가능합니다"
- "다만, 3가지 리스크가 있습니다"

▶ **핵심 데이터만(Top 3 방식)**

- 가장 중요한 데이터 3개만 제시
- 나머지는 질문 받으면 설명

▶ **시각화 활용**

- 표나 그래프로 한눈에 보이게
- 수치 나열보다 비교 차트

▶ **의사결정 옵션 제시**

- "A안: 빠르지만 리스크 높음"
- "B안: 느리지만 안정적"
- "제 권고안은 B입니다"

남우가 고개를 끄덕이며 말했다.

"이렇게 하면 제 분석을 더 효과적으로 전달할 수 있겠네요. 감사합니다!"

그날 저녁, 남우가 나에게 메시지를 보냈다.

"지영님, 오늘 정말 큰 깨달음을 얻었어요. 저는 제가 팀에 방해가 되는 사람인 줄 알았는데, 제 역할이 있다는 걸 알게 됐어요. 내일부터 '긍정-문제-질문' 방식으로 의견을 전달해볼게요. 그리고 보고 방법도 바꿔보겠습니다. 감사합니다."

냉철판단자 깊이 알기

냉철판단자들이 스스로와 주변을 힘들게 하는 점

하모닉증권 상품개발팀의 김남우처럼 냉철판단자는 모든 것을 데이터와 논리로 판단한다. "그게 수익률로 증명할 수 있는 건가요?"라는 그의 질문처럼, 냉철판단자는 감이나 직관보다 객관적 근거를 중시한다. 그러나 이런 성향이 과하면 의사결정이 느려진다. 냉철판단자 팀장은 모든 선택지를 분석하고 리스크를 따져보느라 "조금만 더 검토해보고 결정합시다"가 입버릇이다. 팀원들이 신속한 결정을 기다리는 사이 경쟁사에 기회를 빼앗기거나, 상위 리더로부터 "결단력이 부족하다"는 평가를 받을 수 있다.

냉철판단자 실무자는 황준식 같은 창조자가 열정적으로 아이디어를 설명할 때 "근데 이거 숫자로 검증됐어요?"라며 찬물을 끼얹는다. 상품개발팀 내 김남우가 때로는 비판적으로 보이는 것처럼, 냉철판단자의 냉철함은 상대방에게 "매번 내 아이디어를 무시하네"라는 느낌을 준다. 본인은 객관적 피드백을 준다고 생각하지만, 감정적 교류가 부족해 팀 내에서 차갑고 거리감 있는 사람으로 인식된다.

냉철판단자의 또 다른 약점은 칭찬에 인색하다는 것이다. "잘했네요"라는 말 대신 "여기 이 부분은 수정해야 할 것 같은데요"가 먼저 나온다. 프로젝트가 성공해도 "이번엔 운이 좋았던 거예요, 다음번엔 이런 리스크를 조심해야 해요"라며 축하보다 경고를 먼저 한다. 팀원들은 "저 사람은 뭘 해도 만족을 안 하네"라며 오해하기 쉽다.

냉정판단자들이 함께 할 때 도움을 받을 수 있는 팀역할

자원탐색가의 낙관적 에너지가 냉철판단자의 냉철함과 균형을 이룬다. "일단 해보면서 조정하면 되지 않을까요?"라는 태도가 냉철판단자의 과도한 신중함을 완화할 수 있다. 홍재표와 같은 추진자는 냉철판단자가 분석에만 매몰될 때 "이제 결정해야 합니다"라며 결단을 내리도록 압박해준다.

추진자
Shaper

홍재표의 발견

#의욕충만 #돌격 앞으로 #목표 집착러 #강한 드라이브

4월 30일 수요일 오전 10시

오늘의 주제는 '추진자Shaper'였다. 나는 화이트보드에 뭔가를 지시하는 듯한 손가락을 그렸다.

"여러분, 팀에서 '빨리빨리'를 외치는 사람은 누구죠?"

모두가 재표를 바라봤다.

재표가 웃으며 손을 들었다.

"인정합니다! 저는 일이 느리게 진행되면 정말 답답해요. 뭔가 결정이 안 나고 회의만 길어지면 속이 터질 것 같아요."

"그게 바로 재표님의 역할이에요. 추진자는 팀의 '엔진'이에요. 팀을 목표를 향해 힘차게 밀고 나가게 하는 사람이죠."

나는 재표의 벨빈 보고서를 화면에 띄웠다.

▶ 추진자의 핵심 특징

- 강한 추진력과 도전 정신

- 목표 지향적

- 장애물 극복 의지

- 에너지와 열정

- 긴박감 조성

- 결과 중심적 사고

"재표님, 지난 프로젝트에서 가장 답답했던 순간이 언제였나요?"

재표가 즉시 대답했다.

"회의가 2시간씩 진행되는데 아무것도 결정이 안 될 때요. '이거 결정하고, 다음으로 넘어가면 되는데 왜 이렇게 오래 걸리지?'라는 생각이 들었어요. 그 시간에 일을 하나라도 더 하는 게 나을 것 같았거든요."

"정확합니다. 추진자는 빠른 의사결정과 실행을 원해요. 추진자는 정체된 상황을 견디지 못합니다. 이것이 추진자의 강점이에요."

추진자의 강점과 약점

나는 다음 슬라이드를 넘겼다.

▶ 추진자의 강점

- 팀에 추진력과 에너지 제공
- 목표 달성에 집중
- 어려움과 장애물 극복
- 팀의 정체 방지
- 도전적인 목표 설정
- 의사결정 촉진

▶ 추진자의 용인할 만한 약점

- 너무 강하게 밀어붙일 수 있음
- 다른 사람의 감정을 간과할 수 있음
- 인내심이 부족할 수 있음
- 충돌을 일으킬 수 있음
- 다른 의견을 무시할 수 있음

"재표님, 솔직히 물어볼게요. 팀원들을 너무 밀어붙인다는 이야기를 들어본 적 있나요?"

재표가 머리를 긁적이며 말했다.

"네… 사실 여러 번 들었어요. 특히 민형님이 제가 너무 빠르게 일을 진행한다고 불편해하시는 것 같았어요. 그리고 은지님도 제가 일정을 너무 타이트하게 잡는다고 하셨고요."

민형이 조심스럽게 말했다.

"재표님, 사실 맞아요. 재표님이 '빨리 출시해야 해요!', '경쟁사가 먼저 나올 거예요!'라고 하실 때마다 저는 팀원들이 준비가 안 됐는데 너무 밀어붙이시는 것 같아서 불안했어요."

재표의 표정이 어두워졌다.

"미안해요, 민형님. 저는 경쟁사가 먼저 출시할까봐 조급했던 거예요. 시장 타이밍을 놓치면 아무리 좋은 상품도 실패하니까요."

은지도 말을 이었다.

"재표님, 저도 솔직히 말씀드릴게요. 재표님이 일정을 정하실 때 현실적으로 불가능한 일정을 요구하시는 경우가 많았어요. 저는 그 일정에 맞추려고 매일 야근하고 주말에도 일했어요."

재표가 깊은 한숨을 쉬었다.

"몰랐어요… 제가 팀원들을 그렇게 힘들게 했다는 걸…."

나는 말했다.

"재표님, 재표님이 나쁜 의도로 그러신 건 아니에요. 추진자는 본능적으로 빠르게 움직이고 싶어 하거든요. 이것이 역할 충돌이에요. 재표님은 추진자로서 속도를 중시하고, 민형님은 분위기조성자

로서 팀원들의 컨디션을 중시하고, 은지님은 실행자로서 실행 가능
한 계획을 중시해요. 셋 다 옳아요. 다만, 서로를 이해하고 조율하면
돼요.”

추진자와 분위기조성자의 협업 시스템

나는 화이트보드에 시스템을 그렸다.

추진자와 분위기조성자의 협업 시스템

▶ 추진자의 역할

- 목표 달성을 위한 추진력 제공

- 팀에 에너지와 긴장감 부여

- 의사결정 촉진

▶ 분위기조성자의 역할

- 팀 컨디션 모니터링 및 피드백 제공

- 팀에 안정감과 회복 시간 제공

- 팀원 간 갈등 조정

협업 방법

▶ 주간 체크인 미팅(매주 월요일 오전)

- 추진자: '이번주 목표와 진척 속도' 제안

- 분위기조성자: '지난주 팀 컨디션 리포트' 공유

- 팀 전체: 이번주 현실적인 진척 속도 합의

▶ 신호등 카드 시스템

- 초록색: 팀 컨디션 좋음, 속도 올려도 됨

- 노란색: 팀 컨디션 보통, 현재 속도 유지

- 빨간색: 팀 컨디션 나쁨, 속도 낮춰서 휴식 시간 확보 필요

재표가 눈을 빛내며 말했다.

"신호등 카드 시스템 정말 좋은데요! 민형님이 제 책상에 신호등 카드를 올려두시면, 제가 팀을 밀어붙여도 되는지 바로 알 수 있겠네요."

민형이 웃으며 말했다.

"네! 재표님의 추진력이 필요할 때는 '재표님, 지금은 좀 밀어붙여주세요'라고 말씀드리고 초록색 카드를 올려두겠습니다. 그리고 팀이 지쳐있을 때는 빨간색 카드로 알려드릴게요."

강팀장이 말했다.

"좋습니다. 다음 주 월요일부터 바로 적용해봅시다. 재표님은 주
간 목표를 제안하고, 민형님은 팀 컨디션을 보고하는 거죠. 그리고
신호등 카드는 내일부터 시작하고요."

추진자의 역할 체험 : 상황극

"자, 이제 상황극을 해볼까요? 재표님과 민형님, 앞으로 나와주
세요."

두 사람이 앞으로 나왔다.

"상황은 이렇습니다. 신규 펀드 출시가 2주 남았는데, 개발이 지
연되고 있어요. 재표님은 빨리 출시하고 싶고, 민형님은 팀원들이
지쳐있는 것을 알고 있어요. 어떻게 하시겠어요?"

재표가 먼저 말했다.

"민형님, 신호등이 무슨 색인가요?"

민형이 노란색 카드를 들었다.

"노란색이에요. 팀원들이 조금 피곤해 보여요. 하지만 불가능한
정도는 아니에요."

재표가 고개를 끄덕이며 생각했다.

"알겠습니다. 그럼 이번 주는 야근 없이 정시 퇴근하되, 업무 집
중도를 높이는 건 어떨까요? 회의 시간을 30분으로 제한하고, 불필

요한 보고는 생략하는 거죠. 그리고 업무 우선순위를 명확히 해서 핵심 기능에만 집중하는 겁니다."

민형이 미소를 지으며 말했다.

"좋아요! 그리고 목요일 오후에는 팀 전체가 모여서 티타임을 가지면 어떨까요? 잠깐 숨 고르는 시간을 가지는 거죠. 30분이면 충분할 것 같아요."

재표가 웃으며 말했다.

"완벽해요! 그럼 금요일부터는 다시 속도를 낼 수 있겠네요. 그때는 초록색 카드 부탁드려요, 민형님."

민형이 고개를 끄덕였다.

"네, 목요일 티타임 후에 팀 컨디션을 보고 결정할게요!"

나는 박수를 쳤다.

"훌륭합니다! 재표님은 속도를 조절하는 법을 배웠고, 민형님은 적절한 피드백을 주는 법을 배웠어요. 그리고 두 분이 협력해서 팀을 위한 최선의 방법을 찾았어요. 이게 바로 역할 간 협업이에요."

추진자와 효과적으로 협업하기

나는 팀원들에게 유인물을 나눠주었다.

추진자와 효과적으로 협업하는 방법

▶ DO(이렇게 하세요)

- 사실과 목표 중심으로 이야기하세요

- 긴급성과 중요성을 명확히 하세요

- 구체적인 일정과 마일스톤을 제시하세요

- "언제까지 가능할까요?"라고 물어보세요

- 추진자의 에너지를 긍정적으로 활용하세요

▶ DON'T(이렇게 하지 마세요)

- 감정에만 호소하지 마세요

- 모호하고 불명확하게 말하지 마세요

- 추진자의 열정을 무시하지 마세요

- 근거 없이 "불가능해요"라고 말하지 마세요

은지가 손을 들었다.

"재표님께 일정 연장을 요청하려면 어떻게 말하는 게 좋을까요?"

"좋은 질문이에요."

나는 화이트보드에 두 가지 방식을 썼다.

▶ **잘못된 방식**

"재표님, 너무 빠른 것 같아요. 좀 천천히 하면 안 될까요? 저희도 사람인데…"

▶ **올바른 방식**

"재표님, 현재 진행 속도대로라면 품질 체크 시간이 3일 부족할 것 같습니다. 일정을 3일 연장하면, 품질을 보장하면서도 경쟁사보다 1주일 빠르게 출시할 수 있습니다. 이렇게 하면 시장 타이밍도 놓치지 않고, 품질도 확보할 수 있어요. 어떻게 생각하세요?"

"보세요. 올바른 방식은 구체적인 숫자와 근거, 그리고 대안을 제시하는 겁니다. 추진자는 막연한 요청은 받아들이기 어렵지만, 합리적인 근거가 있으면 충분히 조정할 수 있어요."

재표가 고개를 끄덕였다.

"맞아요. 저는 '빨리 해야 한다'는 생각이 강하지만, 합리적인 이유가 있고 대안이 있으면 충분히 조정할 수 있어요. 다만 '그냥 천천히 하자'는 받아들이기 어려워요."

추진자를 위한 에너지 관리

회의 후, 나는 재표와 따로 이야기를 나눴다.

"재표님, 오늘 어떠셨어요?"

재표가 진지하게 말했다.

"사실 충격이었어요. 제가 팀원들을 그렇게 힘들게 한다는 걸 몰랐어요. 저는 빨리 성과를 내고 싶은 마음뿐이었는데, 다른 사람들은 지쳐있을 수도 있다는 걸 생각 못 했어요."

"재표님의 추진력은 우리 팀의 엔진이에요. 추진자가 없으면 팀은 정체되고, 경쟁에서 뒤처지게 돼요. 하지만 엔진도 과열되면 안 되잖아요? 재표님도 에너지 관리가 필요해요."

"어떻게 하죠?"

나는 노트에 적어주었다.

추진자를 위한 에너지 관리 방법

▶ 팀 컨디션 체크

- 민형님(분위기조성자)의 신호등 카드 확인
- 주 1회 팀원들과 1:1 대화

▶ 일정에 버퍼 추가

- 예상 소요 시간 × 1.3 = 실제 일정
- 예상치 못한 문제 대비

▶ **작은 성공 축하**

- 큰 목표만 보지 말고

- 주간 마일스톤 달성 시 축하

▶ **자기 관리**

- 추진자는 번아웃 위험이 높음

- 주말에는 완전히 쉬기

- 운동으로 에너지 충전

재표가 고개를 끄덕였다.

"알겠습니다. 특히 일정에 버퍼를 추가하는 것이 중요하겠네요. 저는 항상 타이트하게 잡았거든요."

"맞아요. 그리고 재표님, 한 가지 더 있어요. 추진자는 혼자서 모든 걸 밀고 나가려 하는 경향이 있어요. 하지만 팀이에요. 다른 사람들에게도 추진력을 발휘할 기회를 주세요."

"무슨 말씀이신지 알겠어요. 제가 너무 앞서나가지 않도록 조심하겠습니다."

그날 저녁, 재표가 팀 단체 채팅방에 메시지를 보냈다.

"여러분, 그동안 제가 너무 밀어붙여서 미안했어요. 앞으로는 우리 팀 컨디션도 고려하면서 일하겠습니다. 민형님, 신호등 카드 시스템 내일부터 시작해요! 그리고 목요일 오후 3시, 팀 티타임 어떠세요? 제가 맛있는 케이크 사올게요!"

민형이 하트 이모티콘과 함께 답장했다.

"재표님, 재표님의 추진력 덕분에 우리가 많은 성과를 낼 수 있었어요. 앞으로도 잘 부탁드려요! 신호등 카드 준비 완료! ♥"

준식도 댓글을 달았다.

"재표님의 추진력 + 민형님의 배려 = 최강 조합! 우리 팀 이제 진짜 달라질 것 같아요!"

| 실무 가이드 |

추진자 깊이 알기

추진자들이 스스로와 주변을 힘들게 하는 점

하모닉증권 상품개발팀의 홍재표처럼 추진자는 목표 달성에 대한 강한 열정을 가지고 있다. "경쟁사보다 빨리 출시해야 해요!"라는 그의 말처럼, 추진자는 결과에 집착하고 팀 전체에 긴장감을 전염시킨다. 팀장이 추진자인 경우 "왜 아직도 이것밖에 안 됐어요?"라며 진척 상황을 다그치고, 회의에서 반대 의견이 나오면 "그건 핑계 아닌가요?"라고 날카롭게 받아친다. 성과는 내지만 팀원들의 퇴사율이 높고, 주변 부서와 갈등이 잦다.

홍재표가 "결과는 숫자로 이야기해야 한다"고 믿는 것처럼, 추진자는 과정보다 결과를 중시한다. 이 과정에서 팀원들의 노력이나 감정은 무시되기 쉽다. "그래서 결과가 뭔데요?"라는 질문이 추진자에게는 당연한 것이지만, 듣는 사람에게는 자신의 노력을 부정당하는 느낌을 준다. 상품개발팀의 신지연과 같이 전문가Specialist가 "투자자 보호 관점에서 검토가 필요합니다"라고 말할 때, 추진자는 "그건 나중에 하고, 일단 출시부터 합시다"라고 밀어붙여 갈등이 생긴다.

실무자가 추진자일 경우, 추진자는 동료의 업무 방식이 답답하면 참지 못하고 "그냥 제가 할게요"라며 일을 가로챈다. 빠른 성과를 위해 절차를 무시하거나 관계 부서와의 협의를 건너뛰어 나중에 문제가 터지기도 한다. 본인은 "일을 되게 하려고" 그런 건데, 주변에서는 독불장군으로 본다. 매일 만보를 걷고 체력 관리에 진심인 홍재표처럼 추진자는 자기 관리는 철저하지만 타인과의 관계 관리는 소홀하다.

추진자들이 함께 할 때 도움을 받을 수 있는 팀역할

상품개발팀 이민형과 같은 분위기조성자Teamworker가 추진자의 날카로움을 중화시켜 팀 분위기가 과열되는 것을 막아준다. "재표님, 은지님의 말도 한번 들어보시죠"라며 완충 역할을 한다. 강민준 팀장 같은 지휘조절자Coordinator는 추진자가 밀어붙이다 생긴 갈등을 조율하고, "양쪽 입장을 정리해보면요…"라며 이해관계자들의 합의를 이끌어낸다.

실행자
Implementer

이은지의 발견

#체계 장인 #실용주의자 #신뢰의 아이콘 #더 이상 바꾸지마

5월 2일 금요일 오전 10시

오늘의 주제는 '실행자Implementer'였다. 나는 화이트보드에 톱니바퀴 그림을 그렸다.

"여러분, 우리의 아이디어를 실제로 현실로 만드는 사람은 누구일까요?"

팀원들이 은지를 바라봤다.

은지가 조금 쑥스러워하며 말했다.

"제가요? 저는 그냥 계획대로 실행할 뿐인데요…"

"바로 그겁니다, 은지님. 실행자는 팀의 '실행 엔진'이에요. 아이디어를 계획으로 만들고, 계획을 현실로 만드는 사람이죠. 실행자가 없으면 아무리 좋은 아이디어도 그림의 떡이에요."

나는 은지의 벨빈 보고서를 화면에 띄웠다.

▶ 실행자의 핵심 특징

- 체계적이고 조직적
- 계획 중심적 사고
- 높은 실행력
- 신뢰할 수 있는 성과
- 현실적이고 실용적
- 효율성 추구

"은지님은 하모닉증권 초기 멤버로 지난 5년 동안 얼마나 많은 상품을 출시하셨나요?"

은지가 생각하며 말했다.

"정확히는 모르겠지만… 아마 15개 정도 될 거예요. 펀드, ETF, 파생상품 등 다양하게요."

"15개나 되는 상품을 성공적으로 출시하셨어요. 그게 바로 실행자의 힘이에요. 창조자가 아이디어를 10개 내면, 실행자가 그 중 1~2개를 실제 상품으로 만드는 거예요."

준식이 손을 들었다.

"은지님, 저는 몰랐어요, 은지님이 그렇게 많은 상품을 출시하셨다는 걸. 정말 대단하세요!”

은지가 부끄러운 듯 웃으며 말했다.

“고마워요, 준식님. 그런데 솔직히 저는 준식님이 부러울 때가 많
아요. 준식님은 항상 새로운 아이디어가 샘솟는데, 저는 그런 창의
성이 없거든요.”

“잠깐만요!” 내가 말을 가로막았다. “은지님, 그건 역할의 차이에
요. 준식님은 창조자로서 아이디어를 내는 게 역할이고, 은지님은
실행자로서 그 아이디어를 현실로 만드는 게 역할이에요. 둘 다 똑
같이 중요해요. 아니, 솔직히 말하면 실행력 없는 아이디어는 무용
지물이에요.”

실행자의 강점과 약점

나는 다음 슬라이드를 넘겼다.

▶ **실행자의 강점**

- 확실한 실행력

- 체계적인 계획 수립

- 높은 신뢰성

- 효율적인 자원 활용

- 현실적인 판단

- 문제 해결 능력

▶ **실행자의 용인할 만한 약점**

- 변화에 저항할 수 있음

- 유연성이 부족할 수 있음

- 새로운 아이디어에 회의적일 수 있음

- 계획 변경을 싫어함

- 때로 보수적으로 보일 수 있음

"은지님, 지난 프로젝트에서 가장 힘들었던 순간이 언제였나요?"

은지가 준식을 힐끔 보며 말했다.

"준식님이 아이디어를 자꾸 바꿀 때요. 저는 계획을 세워서 실행하고 있었는데, 준식님이 '이 기능 추가하면 어때요?', '저것도 넣으면 좋을 것 같아요'라고 하실 때마다… 정말 당혹스럽고, 화까지 났어요. 제가 세운 계획이 한순간에 무의미해지는 느낌이었거든요."

준식이 미안한 표정으로 말했다.

"은지님, 정말 죄송해요. 저는 더 좋은 상품을 만들고 싶어서 그랬는데, 은지님한테 그렇게 힘든 일이었다는 걸 몰랐어요."

"그래요, 준식님. 저는 계획을 세우는데 정말 많은 시간과 노력을 늘여요. 모든 단계를 체크리스트로 만들고, 일정을 조율하고, 리소

스를 배분하고… 그런데 그게 하루아침에 바뀌면 정말 허탈해요."

나는 고개를 끄덕이며 말했다.

"이것이 바로 창조자와 실행자의 전형적인 충돌이에요. 창조자는 '더 좋게 만들 수 있어!'라고 생각하고, 실행자는 '계획대로 완성하자!'라고 생각하죠. 둘 다 옳아요. 하지만 타이밍이 중요해요."

실행자와 창조자의 협업: 계획 확정 시점

나는 화이트보드에 프로세스를 그렸다.

실행자와 창조자의 협업 프로세스

▶ 1단계: 아이디어 발산(창조자 중심)

- 기간: 프로젝트 시작 ~ 1주차
- 창조자: 자유롭게 아이디어 제안
- 실행자: 경청하고 실행 가능성 메모
- 규칙: 이 단계에서는 아이디어 변경 자유

▶ 2단계: 계획 수립(실행자 중심)

- 기간: 2주차

- 실행자: 선택된 아이디어를 상세 계획으로 작성

- 창조자: 계획 검토 및 피드백

- 규칙: 계획 수립 중 수정 가능

▶ 3단계: 계획 확정(팀 전체)

- 시점: 2주차 금요일

- 팀 전체: 최종 계획 검토 및 확정

- 계획 확정 후에는 변경 불가

▶ 4단계: 실행(실행자 주도)

- 기간: 3주차 이후

- 실행자: 계획대로 실행

- 창조자: 새로운 아이디어는 다음 프로젝트를 위해 보관

- 규칙: 중대한 문제 발견 시에만 팀 논의 후 변경

"보세요. 계획 확정 시점을 명확히 정하면, 창조자도 언제까지 아이디어를 낼 수 있는지 알고, 실행자도 언제부터 계획 변경 없이 실행할 수 있는지 알게 돼요."

준식이 말했다.

"좋아요! 그럼 저는 1~2주차에 아이디어를 충분히 내고, 계획 확정 후에는 새토운 이시디어가 떠올라도 다음 프로젝트를 위해 메모

만 해둘게요."

은지가 환하게 웃으며 말했다.

"그렇게 해주시면 정말 감사하겠어요! 저는 계획 확정 후에는 오직 실행에만 집중할 수 있을 것 같아요."

실행자의 역할 체험: 계획 수립 시연

"자, 이제 실습해볼까요? 은지님, 준식님의 'ESG 자동 조절 펀드' 아이디어를 실행 계획으로 만든다면 어떻게 하시겠어요?"

은지가 노트북을 열었다.

"좋아요. 우선 전체 프로세스를 단계별로 나누겠습니다."

은지가 화면을 공유했다. 깔끔하게 정리된 계획표가 나타났다.

ESG 자동 조절 펀드 개발 계획

▶ **Week 1~2: 기획 및 설계**

- 상품 컨셉 확정
- ESG 점수 기준 정의
- 자동 조절 알고리즘 설계
- 담당: 준식(기획), 남우(데이터), 지연(리스크)

▶ **Week 3~4: 개발**

- 시스템 개발

- ESG 데이터 연동

- 테스트 시나리오 작성

- 담당: 외부 개발업체, 남우(데이터 검증)

▶ **Week 5: 테스트**

- 기능 테스트

- 수익률 시뮬레이션

- 리스크 검증

- 담당: 은지(PM), 남우(데이터), 지연(리스크)

▶ **Week 6: 컴플라이언스**

- 규제 검토

- 서류 작업

- 최종 승인

- 담당: 은지(PM), 지연(리스크)

▶ **Week 7: 출시 준비**

- 마케팅 자료 준비

- 고객 안내

- 출시

- 담당: 재표(마케팅), 전체

"와…" 준식이 감탄하며 말했다. "은지님, 정말 대단해요. 제 아이디어를 이렇게 구체적인 계획으로 만드시다니…"

은지가 웃으며 말했다.

"이게 제 역할이에요. 그리고 보세요, 준식님. Week 1~2까지는 기획 단계라서 아이디어 수정이 가능해요. 하지만 Week 2 끝에 계획을 확정하면, 그 다음부터는 변경하지 말아주세요."

"알겠어요, 은지님! 그럼 저는 Week 1~2에 최선을 다해서 완벽한 기획을 만들게요."

나는 박수를 쳤다.

"훌륭합니다! 창조자와 실행자가 이렇게 협력하면, 혁신적이면서도 실행 가능한 상품이 나와요."

실행자와 효과적으로 협업하기

나는 팀원들에게 유인물을 나눠주었다.

실행자와 효과적으로 협업하는 방법

▶ DO (이렇게 하세요)

- 명확한 계획과 일정을 제시하세요

- 계획 확정 시점을 존중하세요

- 변경이 필요하면 충분한 근거를 제시하세요

- 체계적인 프로세스를 함께 만드세요

- "실행 가능한 계획을 만들어주세요"라고 요청하세요

▶ DON'T (이렇게 하지 마세요)

- 계획 없이 즉흥적으로 일하자고 하지 마세요

- 계획 확정 후 마음대로 변경하지 마세요

- "그냥 유연하게 가면 되잖아요"라고 하지 마세요

- 실행자의 체계를 무시하지 마세요

- 사전 논의 없이 새로운 요구사항을 추가하지 마세요

재표가 물었다.

"그런데 정말 급한 상황이 생기면 어떡하죠? 예를 들어 경쟁사가 갑자기 유사 상품을 출시했다거나…"

은지가 대답했다.

"그럴 때는 팀 회의를 열어서 논의해야죠. 저도 돌다리도 두드려

보고 건너는 스타일이지만, 중대한 문제가 생기면 계획을 변경할 수 있어요. 다만, 그럴 만한 충분한 이유가 있어야 하고, 팀 전체가 동의해야 해요."

"좋은 답변이에요, 은지님. 실행자는 융통성이 없는 게 아니라, 안정성을 중시하는 거예요. 중요한 변경은 팀 전체의 합의가 필요하다는 거죠."

실행자를 위한 변화 관리

회의 후, 나는 은지와 따로 이야기를 나눴다.

"은지님, 오늘 어떠셨어요?"

은지가 환하게 웃으며 말했다.

"정말 좋았어요! 계획 확정 시점을 정하니까 마음이 편해졌어요. 이제 준식님이 아이디어를 바꾸셔도 '아, 아직 1주차니까 괜찮아'라고 생각할 수 있을 것 같아요. 그리고 계획 확정 후에는 오직 실행에만 집중할 수 있을 것 같고요."

"정말 다행이에요. 그런데 은지님, 한 가지 더 여쭤볼게요. 혹시 변화가 두려우신 적 있나요?"

은지가 잠시 생각하더니 솔직하게 말했다.

"네, 있어요. 저는 새로운 방식으로 일하는 게 불편해요. 제가 익숙한 방식이 가장 효율적이라고 생각하거든요.”

“그건 실행자의 자연스러운 특성이에요. 실행자는 검증된 방법을 선호하죠. 하지만 때로는 변화가 필요할 때도 있어요. 은지님을 위한 팁을 드릴게요.”

나는 노트에 적어주었다.

실행자를 위한 변화 관리 팁

▶ 작은 실험부터

- 전체를 바꾸지 말고
- 한 부분만 새로운 방식으로 시도
- 효과가 입증되면 확대

▶ 데이터로 검증

- 새로운 방식의 효과를 측정
- 기존 방식과 비교
- 숫자로 확인

▶ 충분한 준비 시간

- 갑작스러운 변화 NO
- 최소 2주 전에 공지

- 적응할 시간 제공

▶ 백업 플랜

- 새로운 방식이 안 되면
- 기존 방식으로 돌아갈 수 있게
- 안전망 확보

은지가 고개를 끄덕였다.

"이렇게 하면 변화가 덜 무섭겠네요. 특히 백업 플랜이 있다는 게 마음을 편하게 해줘요."

"맞아요. 실행자는 안정성을 중시하니까, 안전장치가 있으면 변화를 시도할 수 있어요."

그날 저녁, 은지가 나에게 메시지를 보냈다.

'지영님, 오늘 정말 감사했어요. 저는 제가 융통성 없는 사람인 줄 알았는데, 실행자라는 역할이 있다는 걸 알게 됐어요. 그리고 계획 확정 시점을 정하니까 준식님과 협업하는 게 훨씬 수월할 것 같아요. 내일부터 팀원들과 함께 더 좋은 계획을 만들어보겠습니다!'

실행자 깊이 알기

실행자들이 스스로와 주변을 힘들게 하는 점

하모닉증권 상품개발팀의 이은지처럼 실행자는 체계적이고 계획적이다. "출시 일정은?", "컴플라이언스에 확인했어요?"라는 그녀의 질문처럼, 실행자는 프로세스와 절차를 중시한다. 그러나 이런 성향이 과하면 변화에 대한 저항으로 나타난다. 팀장이 실행자일 경우 팀장은 '원래 하던 방식'에 집착한다. 새로운 시스템 도입이나 업무 프로세스 변경 제안에 "지금까지 잘 해왔는데 왜 바꿔요?"라며 저항한다. 변화가 필요한 상황에서도 기존 방식을 고수하다 팀이 시대에 뒤처지게 만든다.

상품개발팀 내에서도 이은지가 창조자 황준식의 계속되는 기획 변경에 짜증이 나있는 것처럼, 실행자는 계획에서 벗어나는 상황을 견디기 어려워한다. "원래 일정에는 없는 건데요", "그건 이미 정해진 프로세스와 다른데요"라는 말을 자주 하고, 융통성 없이 대응해 긴급 상황에서 협업이 어렵다. 본인 업무는 철저히 완수하지만, 예외 상황에 대한 대응력이 떨어져 '시키는 것만 하는 사람', '융통성이 없는 딱딱한 사람'이라는 인식을 받기도 한다.

실행자의 또 다른 약점은 창의적 아이디어에 대한 수용성이 낮다는 것이다. 황준식이 "이런 혁신적인 상품 어때요?"라고 제안할 때,

이은지와 같은 실행자는 "그건 리스크가 너무 커요", "전례가 없어요"라며 아이디어를 꺾어버린다. 본인은 현실적인 조언을 한다고 생각하지만, 창조자 입장에서는 "저 사람은 항상 반대만 해"라고 느낀다.

실행자들이 함께 할 때 도움을 받을 수 있는 팀역할

황준식과 같은 창조자가 새로운 방식의 필요성을 제안하고, 실행자가 그것을 현실화하는 역할 분담이 효과적이다. '아이디어는 제가, 실행은 은지님이'라는 협업이 자리 잡으면 둘 다 빛난다. 자원탐색가는 외부의 성공 사례와 트렌드를 가져와 "다른 회사에서는 이렇게 하더라고요"라며 실행자의 변화 수용을 도울 수 있다.

완결자
Completer Finishe

이은지의 발견

#꼼꼼왕 #디테일 천재 #완벽주의자 #실수 제로 지향

5월 6일 화요일 오전 10시

오늘의 주제는 '완결자Completer Finisher'였다. 나는 화이트보드에 꼼꼼하게 살피면서 마무리하는 그림을 그렸다.

"여러분, 프로젝트를 완벽하게 마무리하는 사람은 누구일까요?"

이번에도 팀원들이 은지를 바라봤다.

은지가 웃으며 말했다.

"어제 실행자 역할도 저였는데, 오늘도 제가 주인공인가요?"

"네, 은지님은 실행자이면서 동시에 완결자예요. 두 역할 모두 높은 점수를 받으셨거든요. 실행자 88점, 완결자 82점이에요."

나는 은지의 벨빈 보고서를 다시 화면에 띄웠다.

- 높은 품질 기준
- 디테일에 대한 집착
- 완벽주의 성향
- 마감 준수
- 꼼꼼한 검토
- 오류 발견 능력

"은지님, 은지님의 별명이 뭐죠?"

은지가 웃으며 말했다.

"체크리스트의 여왕이요."

"맞아요! 은지님은 모든 것을 체크리스트로 만들고, 하나하나 확인하면서 일하시죠. 이게 바로 완결자의 특징이에요."

준식이 말했다.

"맞아요! 은지님 책상에 가면 체크리스트가 가득해요. 상품 출시 체크리스트, 컴플라이언스 체크리스트, 테스트 체크리스트… 정말 많아요."

"그게 바로 은지님의 강점이에요. 완결자가 없으면 프로젝트는 90%만 완성되고 끝나요. 마지막 10%의 디테일, 품질 검증, 최종 확인이 빠지게 되죠. 그리고 그 10%가 종종 가장 중요할 때가 많아요."

완결자의 강점과 약점

나는 다음 슬라이드를 넘겼다.

▶ 완결자의 강점

- 높은 품질 보장

- 오류 조기 발견

- 완벽한 마무리

- 디테일 관리

- 지속적인 개선

▶ 완결자의 용인할 만한 약점

- 지나친 완벽주의

- 업무 위임의 어려움

- 사소한 것에 집착할 수 있음

- 때로 과도한 간섭

"은지님, 프로젝트를 마무리할 때 어떤 기분이 드세요?"

은지가 진지하게 대답했다.

"사실 항상 불안해요. '혹시 내가 놓친 게 있지 않을까?', '품질이 충분한가?', '투자자들이 실망하지 않을까?' 이런 생각들이 계속 들어요. 그래서 출시 전날에는 항상 잠을 못 자요.”

민형이 놀라며 말했다.

“은지님, 몰랐어요. 은지님이 그렇게 불안해하신다는 걸…”

“네, 저는 완벽하게 끝내지 못하면 정말 괴로워요. 그래서 체크리스트를 만들고, 세 번씩 확인하고, 다른 사람에게도 검토를 부탁해요.”

나는 고개를 끄덕이며 말했다.

“이것이 완결자의 특성이에요. 완결자는 완벽을 추구하기 때문에 항상 불안해요. 하지만 그 불안감 덕분에 우리가 고품질의 상품을 출시할 수 있는 거예요.”

완결자와 추진자의 균형

나는 화이트보드에 도표를 그렸다.

완결자 vs 추진자

관점	완결자	추진자
우선순위	품질	속도
관심사	완벽한 마무리	빠른 마무리
불안요소	품질이 충분한가?	시장 타이밍을 놓치면?
강점	오류 제로	빠른 실행
약점	느림	디테일 놓침

"보세요. 완결자와 추진자는 서로 정반대예요. 그래서 자주 충돌하죠. 재표님과 은지님, 두 분이 충돌한 적 많으시죠?"

재표가 손을 들었다.

"네, 많아요. 저는 '빨리 출시하자'고 하는데, 은지님은 '아직 확인할 게 남았어요'라고 하시거든요."

은지도 고개를 끄덕였다.

"맞아요. 재표님은 제가 너무 느리다고 생각하시는 것 같고, 저는 재표님이 품질을 너무 가볍게 여기신다고 생각했어요."

"바로 그겁니다. 하지만 두 역할 모두 필요해요. 추진자가 속도를 내고, 완결자가 품질을 지켜요. 균형이 중요해요."

나는 협업 방안을 제시했다.

완결자와 추진자의 협업 방안

▶ 품질 기준 사전 합의

- 프로젝트 시작 시 품질 기준 명확히 정의
- "이 정도면 출시 가능"의 기준 합의
- 완결자: 기준 설정
- 추진자: 기준 승인

▶ 단계별 품질 체크

- 마지막에만 확인 NO
- 각 단계마다 품질 체크
- 문제는 조기에 발견하고 해결

▶ 타임박스 설정

- 품질 검증에 시간 제한
- 예: "품질 검증은 3일"
- 완결자: 정해진 시간 내에 집중
- 추진자: 그 시간은 기다리기

재표가 말했다.

"좋아요! 품질 기준을 미리 정하면, 제가 '이제 됐죠?'라고 물을 수 있고, 은지님도 '네, 기준을 충족했어요'라고 명확하게 답할 수 있겠네요."

은지도 동의하며 말했다.

"네, 그리고 타임박스가 있으면 저도 정해진 시간 내에 집중해서 품질 검증을 할 수 있을 것 같아요. 무한정 확인하는 게 아니라요."

완결자의 역할 체험 : 품질 체크리스트

"자, 이제 실습해볼까요? 은지님, ESG 자동 조절 펀드의 품질 체크리스트를 만든다면 어떻게 하시겠어요?"

은지가 노트북을 열었다.

"네, 이미 초안을 만들어왔어요."

은지가 화면을 공유했다.

ESG 자동 조절 펀드 품질 체크리스트

▶ 기능 테스트(담당: 은지, 남우)

☐ ESG 점수 자동 조절 기능 작동 확인

☐ 투자자 설정값 반영 확인

☐ 투자 자산 재조정 정확도 확인

- ☐ 데이터 연동 안정성 확인

▶ 수익률 검증(담당: 남우)

- ☐ 예상 수익률 시뮬레이션
- ☐ 경쟁사 대비 비교
- ☐ 시장 변동성 대응 확인

▶ 리스크 검증(담당: 지연)

- ☐ 최대 손실 한도 확인
- ☐ 투자자 보호 장치 작동 확인
- ☐ 규제 준수 확인

▶ 사용자 경험(담당: 재표, 민형)

- ☐ UI/UX 테스트
- ☐ 고객 안내 자료 명확성 확인
- ☐ 문제 발생 시 고객 지원 프로세스 확인

▶ 최종 검토(담당: 강팀장, 은지)

- ☐ 전체 기능 통합 테스트
- ☐ 마케팅 자료 검토
- ☐ 법률 검토 완료 확인

☐ 출시 승인

재표가 감탄하며 말했다.

"와… 은지님, 정말 꼼꼼하시네요. 이렇게 체크하면 문제가 생길 리가 없겠어요."

은지가 웃으며 말했다.

"이게 제 역할이에요. 그리고 이 체크리스트가 있으면, 언제든 '지금 우리가 어디까지 왔는지' 확인할 수 있어요."

나는 박수를 쳤다.

"완벽해요! 이게 바로 완결자의 가치예요. 이 체크리스트 덕분에 우리는 고품질의 상품을 자신있게 출시할 수 있어요."

완결자와 효과적으로 협업하기

나는 팀원들에게 유인물을 나눠주었다.

완결자와 효과적으로 협업하는 방법

▶ DO (이렇게 하세요)

- 품질 기준을 명확히 정의하세요

- 충분한 검토 시간을 제공하세요

- 디테일에 대한 관심을 인정하세요

- 완결자의 우려를 경청하세요

- "품질 기준을 충족했나요?"라고 물어보세요

▶ **DON'T**(이렇게 하지 마세요)

- "완벽할 필요 없어요"라고 말하지 마세요

- "대충해도 돼요"라고 압박하지 마세요

- 마감 직전에 중요한 변경을 요구하지 마세요

- 완결자의 꼼꼼함을 무시하지 마세요

- 체크리스트를 귀찮아하지 마세요

준식이 물었다.

"그럼 은지님이 너무 디테일에 집착하시는 것 같을 때는 어떻게 하죠?"

은지가 먼저 대답했다.

"준식님, 제가 너무 집착한다고 느끼시면 말씀해주세요. 다만, '이게 왜 중요한지'를 물어봐주시면 좋겠어요. 제가 괜히 집착하는 게 아니라, 중요한 이유가 있거든요."

"좋은 대답이에요, 은지님. 완결자의 우려에는 대부분 합리적인 이유가 있어요. 다만, 때로는 '충분히 좋은good enough' 수준을 인정하는 것도 필요해요.”

완결자를 위한 완벽주의 관리

회의 후, 나는 은지와 또 따로 이야기를 나눴다.

“은지님, 이틀 연속 주인공이 되신 기분이 어때요?”

은지가 웃으며 말했다.

“신기해요. 저는 제가 그냥 꼼꼼한 사람인 줄만 알았는데, 실행자이면서 완결자라는 역할이 있다는 걸 알게 됐어요.”

“은지님, 솔직히 물어볼게요. 완벽주의 때문에 힘드신 적 있나요?”

은지가 잠시 침묵하더니 조심스럽게 말했다.

“네, 있어요. 사실 요즘 번아웃이 올 것 같아요. 모든 걸 완벽하게 하려다 보니 너무 지쳐요. 집에 가서도 ‘혹시 내가 뭘 놓친 건 아닐까’ 하는 생각이 떠나지 않아요.”

“은지님, 그건 완결자가 흔히 겪는 어려움이에요. 완벽주의를 건강하게 관리하는 방법을 알려드릴게요.”

나는 노트에 적어주었다.

완결자를 위한 완벽주의 관리

▶ '충분히 좋은' 기준 설정

- 100% 완벽보다 95% 목표
- "이 정도면 됐다"의 기준 명확히

▶ 일부러 멈추기

- 체크리스트 완료하면 멈추기
- "한 번 더 확인"의 유혹 이기기

▶ 동료에게 검증 위임

- 혼자 다 하지 않기
- 다른 사람도 신뢰하기

▶ 실수 허용하기

- 작은 실수는 괜찮다고 인정
- 완벽한 사람은 없음을 받아들이기

▶ 퇴근 후 완전히 끊기

- 집에서는 일 생각 안 하기
- 고양이랑 놀기, 취미 즐기기

은지가 눈물을 글썽이며 말했다.

"지영님, 고마워요. 저는 완벽하지 않으면 안 된다고 생각했는데, '충분히 좋은' 것도 괜찮다는 걸 받아들이도록 노력해볼게요."

"은지님, 은지님은 이미 충분히 훌륭해요. 은지님 덕분에 우리 회사가 고품질의 상품을 출시할 수 있었어요. 이제는 은지님 자신도 좀 돌보세요."

그날 저녁, 은지가 나에게 메시지와 함께 고양이 사진을 보내왔다.

"지영님, 오늘 정시 퇴근했어요! 그리고 집에 와서 고양이랑 한 시간 동안 놀았어요. 일 생각 안 하니까 너무 좋네요. 이제부터 '충분히 좋은' 기준을 만들어서 실천해보겠습니다. 감사합니다!"

| 실무 가이드 |

완결자 깊이 알기

완결자들이 스스로와 주변을 힘들게 하는 점

'체크리스트의 여왕'이라는 닉네임을 가진 상품개발팀 이은지처럼 완결자는 마무리에 강하다. 그러나 완결자 팀장의 경우 마감 전날 모든 산출물을 직접 다시 검토하느라 밤을 샌다. 팀원이 제출한 보고서의 문장 하나하나, 숫자 하나하나를 체크하며 "여기 오타 있네요", "이 수치 출처가 뭐예요?"를 끝없이 반복한다. 품질을 지키려는 것이지만, 팀원들은 "우리를 못 믿는 건가?", "내 업무를 왜 또 검토해요?"라며 위축되고 자율성을 빼앗긴 느낌을 받는다.

완결자의 완벽주의는 본인도 힘들게 한다. 작은 오류 하나가 전체를 망칠 것 같은 불안감에 시달리고, 다른 사람에게 일을 맡기지 못한다. 실무자인 완결자는 공동 작업할 때 동료가 맡은 부분까지 손대며 "제가 한번 정리할게요"라고 한다. 마감 시간이 다가오면 불안감에 다른 사람 일까지 떠안고 결국 번아웃된다. "그냥 내가 하는 게 마음 편해"라는 생각에 협업 대신 과부하를 선택한다.

완결자의 또 다른 문제는 완벽을 추구하다 마감을 놓치는 역설이다. "조금만 더 다듬으면 완벽해질 것 같은데요"라며 제출을 미루다 오히려 기한을 넘기거나, 팀 전체의 일정을 지연시킨다. 80%의 완성도로 제때 내는 것보다 100%를 추구하다 늦는 것이 더 큰 문제라는 것을 받아들이기 어려워한다.

완결자들이 함께 할 때 도움을 받을 수 있는 팀역할

자원탐색가가 완결자의 세부 사항 집착에서 벗어나 큰 그림을 보게 해준다. "이 정도면 충분해요, 시장 반응 보면서 수정하면 되죠"라는 말이 완결자의 불안을 덜어준다. 강민준 팀장 같은 지휘조절자는 업무를 적절히 분배해 완결자가 모든 것을 혼자 짊어지지 않도록 "은지님이 다 안 해도 돼요, 이건 제가 볼게요"라며 도와준다.

분위기조성자
Teamworker

이민형의 발견

#배려만렙 #우리 사이좋게 #도와줄께 #갈등은 싫어

5월 7일 수요일 오전 10시

연휴가 끝나고 맞이한 새로운 한 주. 오늘의 주제는 '분위기조성자Teamworker'였다. 나는 화이트보드에 손을 맞잡은 사람들을 그렸다.

"여러분, 팀의 분위기를 가장 잘 느끼고, 팀원들의 감정을 가장 잘 챙기는 사람은 누구일까요?"

모두가 민형을 바라봤다.

민형이 부끄러운 듯 손을 들었다.

"저요? 저는 그냥… 다들 행복하게 일했으면 좋겠어서 그런 거예요."

"바로 그겁니다, 민형님. 분위기조성자는 팀의 '심장'이에요. 팀원들의 감정과 관계를 돌보는 사람이죠. 분위기조성자가 없으면 팀은 기계처럼 냉정하고 삭막해져요."

나는 민형의 벨빈 보고서를 화면에 띄웠다.

▶ 분위기조성자의 핵심 특징

- 높은 공감 능력
- 팀 화합 촉진
- 갈등 중재
- 협력적 태도
- 경청하는 자세
- 관계 지향적

"민형님, 팀 회의할 때 민형님은 무엇을 가장 신경 쓰시나요?"

민형이 생각하며 말했다.

"음… 누가 말을 못 하고 있는지, 누가 불편해하는지, 분위기가 너무 딱딱하지 않은지를 봐요. 그리고 회의 중에 갈등이 생기면 제 스스로가 정말 불안해져요."

"맞아요. 분위기조성자는 팀의 감정 온도계예요. 다른 사람들이 보지 못하는 팀의 분위기를 가장 먼저 감지하죠."

분위기조성자의 강점과 약점

나는 다음 슬라이드를 넘겼다.

▶ **분위기조성자의 강점**

- 팀 화합 촉진

- 갈등 조기 감지 및 중재

- 팀원 지원과 격려

- 협력적 분위기 조성

- 의견 수렴 능력

- 관계 강화

▶ **분위기조성자의 용인할 만한 약점**

- 어려운 결정 회피

- 갈등 상황에서 우유부단

- 모든 사람을 만족시키려 노력

- 자신의 의견 표현 어려움

- 비판적 피드백 주기 힘듦

"민형님, 지난 프로젝트에서 가장 힘들었던 순간이 언제였나요?"

민형이 조심스럽게 말했다.

"재표님과 준식님이 회의에서 의견이 달라서 목소리가 높아질 때요. 저는 그 상황이 정말 힘들었어요. 두 분 모두 저와 친한데, 어느 한쪽 편을 들 수도 없고… 그냥 회의가 빨리 끝났으면 좋겠다는 생각만 들었어요."

준식이 미안한 표정으로 말했다.

"민형님, 그때 민형님이 얼마나 불편하셨는지 몰랐어요. 죄송해요."

재표도 말했다.

"저도 미안해요, 민형님. 저는 제 의견만 말하느라 민형님 생각은 못 했어요."

민형이 손을 흔들며 말했다.

"아니에요! 두 분 다 나쁜 건 아니에요. 저도 제 의견을 말했어야 하는데, 그냥 눈치만 봤어요."

나는 고개를 끄덕이며 말했다.

"이것이 분위기조성자의 어려움이에요. 갈등 상황에서 누구 편도 들 수 없어서 고통스러워하죠. 하지만 민형님, 그게 나쁜 게 아니에요. 민형님이 중립을 지키려고 노력하는 것은 팀에 정말 중요한 역할이에요."

분위기조성자와 추진자의 협업

"지난번에 우리가 이야기한 신호등 카드 시스템 기억하시죠? 그
게 바로 추진자와 분위기조성자의 협업 시스템이에요."

나는 화이트보드에 다시 정리했다.

분위기조성자와 추진자의 역할 분담

▶ 추진자(재표)의 역할

- 팀의 속도와 추진력 제공
- "이번 주 목표는 이겁니다"
- 의사결정 촉진

▶ 분위기조성자(민형)의 역할

- 팀 컨디션 모니터링
- "팀이 지금 이런 상태입니다"
- 팀원 간 갈등 조정

▶ 협업 시스템

- 주간 체크인: 재표(목표 제시) + 민형(컨디션 보고)
- 신호등 카드: 민형이 팀 상태를 실시간 피드백

재표가 말했다.

"저는 속도에만 집중하고, 민형님은 팀 컨디션에 집중하면 되는 거죠?"

"정확해요! 재표님이 가속 페달이면, 민형님은 브레이크예요. 둘 다 필요해요."

민형이 말했다.

"그런데 제가 빨간색 신호등 카드를 올렸을 때, 재표님이 화내시면 어떡하죠?"

재표가 웃으며 말했다.

"민형님, 절대 화 안 내요! 오히려 고마워요. 민형님이 알려주시지 않으면 저는 팀이 지쳐가는지도 모를 거예요."

분위기조성자의 역할 체험: 팀 온도 측정

"자, 이제 실습해볼까요? 민형님, 지금 우리 팀의 온도를 측정해보세요."

민형이 팀원들을 한 명씩 바라보며 생각했다.

"음… 지금은 좋은 것 같아요. 다들 얼굴에 웃음이 있고, 회의도

편안하게 진행되고 있어요. 초록색이에요."

"좋아요. 그럼 만약 팀 온도가 떨어지는 신호는 무엇일까요?"

민형이 대답했다.

"첫째, 회의 중에 침묵이 길어질 때요. 둘째, 눈 마주침이 없을 때요. 셋째, 점심이나 커피 타임에 각자 따로 있을 때요. 넷째, 농담이 사라질 때요."

"완벽해요! 민형님은 이런 신호들을 다른 사람보다 먼저 알아채요. 이게 분위기조성자의 능력이에요."

나는 민형에게 도구를 알려주었다.

분위기조성자를 위한 팀 온도 측정 도구

▶ **매일 체크**

- 아침 인사 반응(밝은지, 어두운지)

- 회의 참여도(적극적인지, 소극적인지)

- 휴식 시간 모습(함께 있는지, 따로 있는지)

▶ **주간 체크**

- 팀 에너지 레벨(1-10점)

- 갈등 징후(있음/없음)

- 팀 분위기(긍정/중립/부정)

▶ **월간 체크**

- 팀 만족도 설문
- 1:1 대화로 개인 컨디션 확인

민형이 노트에 열심히 적으며 말했다.

"이렇게 체계적으로 확인하면 더 정확하게 팀 상태를 파악할 수 있겠어요!"

분위기조성자와 효과적으로 협업하기

나는 팀원들에게 유인물을 나눠주었다.

분위기조성자와 효과적으로 협업하는 방법

▶ **DO(이렇게 하세요)**

- 팀 화합 노력을 인정하고 감사하세요
- 분위기조성자의 의견을 물어보세요
- 갈등 시 중재를 부탁하세요
- "팀 분위기가 어때요?"라고 물어보세요
- 팀 모임이나 축하 행사를 함께 기획하세요

▶ **DON'T(이렇게 하지 마세요)**

- 혼자서 중요한 결정을 내리라고 강요하지 마세요

- 분위기 관리를 당연하게 여기지 마세요

- 비판적 피드백을 강요하지 마세요

- "감정은 중요하지 않아요"라고 말하지 마세요

강팀장이 말했다.

"민형님, 제가 팀장으로서 민형님의 역할을 더 잘 활용하려면 어떻게 해야 할까요?"

민형이 조심스럽게 말했다.

"팀장님, 사실 말씀드리고 싶은 게 있어요. 중요한 결정을 하실 때, 팀원들의 의견을 물어봐주시면 좋을 것 같아요. 팀장님이 혼자 결정하시면, 팀원들이 의견을 말할 기회가 없어서…"

강팀장이 고개를 끄덕였다.

"좋은 피드백이에요, 민형님. 앞으로는 중요한 결정 전에 팀원들의 의견을 충분히 들을게요."

분위기조성자를 위한 자기 돌봄

회의 후, 나는 민형과 따로 이야기를 나눴다.

“민형님, 오늘 어떠셨어요?”

민형이 환하게 웃으며 말했다.

“정말 좋았어요! 제가 팀 분위기를 신경 쓰는 게 쓸데없는 걱정이 아니라, 중요한 역할이라는 걸 알게 됐어요.”

“맞아요. 그런데 민형님, 한 가지 조심하실 게 있어요.”

“뭔가요?”

“분위기조성자는 다른 사람은 잘 돌보는데, 자기 자신은 잘 돌보지 않아요. 모두를 행복하게 만들려다가 정작 본인은 지칠 수 있어요.”

민형이 고개를 끄덕이며 조용히 말했다.

“맞아요… 사실 요즘 제가 좀 지쳐있어요. 팀원들 눈치 보느라…”
나는 노트에 적어주었다.

분위기조성자를 위한 자기 돌봄

▶ **경계 설정하기**

- 모든 사람을 만족시킬 순 없음을 인정

- ‘나도 중요하다’ 기억하기

▶ **자신의 의견 표현하기**

- “저는 이렇게 생각해요”라고 말하기

- 다른 사람 반응 두려워하지 않기

▶ **휴식 시간 확보**

- 혼자만의 시간 갖기
- 감정 충전 시간 필요

▶ **지지 그룹 만들기**

- 나를 돌봐줄 사람 찾기
- 가족, 친구에게 의지하기

민형이 눈물을 글썽이며 말했다.

"지영님, 고마워요. 저는 다른 사람만 돌보느라 제 자신은 잊고 살았어요. 이제부터는 저도 좀 챙기도록 할게요."

"민형님, 민형님이 건강해야 팀도 건강해져요. 민형님 자신을 먼저 돌보세요."

그날 저녁, 민형이 가족 사진과 함께 메시지를 보냈다.

"지영님, 오늘 정시 퇴근해서 가족들과 저녁 먹었어요. 남편이 제가 요즘 너무 지쳐 보인다고 걱정했는데, 오늘은 웃는 얼굴로 집에 왔다고 좋아하네요. 이제부터 나 자신도 돌보면서 팀도 돌보겠습니다. 감사합니다!"

분위기조성자 깊이 알기

분위기조성자들이 스스로와 주변을 힘들게 하는 점

하모닉증권 상품개발팀의 이민형처럼 분위기조성자는 팀의 분위기를 가장 먼저 감지한다. 누가 힘들어하고, 누가 불편해하는지 알아채는 능력이 뛰어나다. 그러나 이민형이 상품개발팀 내 갈등이 불거질 때 불안해하는 것처럼, 분위기조성자는 갈등 상황에서 상당히 힘들어한다. 팀장이 분위기조성자인 경우, 팀장은 타 부서 미팅에서 업무 협조 요청을 거절하지 못한다. "어려우시겠지만…" 하는 말에 "그래요, 저희가 해볼게요"라고 업무를 받아온 뒤, 팀원들에게는 그 일을 명확하게 지시하지도 못한 채 눈치만 본다. 이민형이 '사람들이 행복하게 일하는 환경'을 중요하게 생각하는 것처럼, 분위기조성자는 관계의 조화를 최우선에 둔다. 그러나 이것이 지나치면 갈등을 피하려다 자신이 갈등의 중심에 서게 된다. 창조자 황준식과 실행자 이은지가 기획 변경 문제로 다툴 때, 분위기조성자는 양쪽 모두에게 고개를 끄덕인다. "준식님 말도 맞고, 은지님 말도 맞아요"를 반복하다 보니 정작 중요한 결정에서 존재감이 없고, "팀장님은 뭘 원하는 거야?"라는 답답함을 유발한다.

실무자가 분위기조성자일 경우, 실무자는 자기 의견을 분명히 밝히지 않아 '만만한 사람'으로 보이기 쉽다. 업무가 과중하게 몰려도 "다른 분들도 바쁘시니까요"라며 거절하지 못하고, 야근을 밥 먹 듯이 하면서도 불만 한마디 못 한다. 본인은 팀을 위해 희생한다고 생각하지만, 결국 번아웃으로 쓰러지거나 조용히 퇴사를 결심하게 된다.

분위기조성자들이 함께 할 때 도움을 받을 수 있는 팀역할

홍재표와 같은 추진자가 분위기조성자를 대신해 어려운 말을 해주고 결정을 밀어붙여준다. "이건 우리 팀이 할 수 없습니다"라고 거절하는 역할을 추진자가 맡으면, 분위기조성자는 관계를 유지하면서도 팀을 보호할 수 있다. 강민준 팀장 같은 지휘조절자는 분위기조성자가 챙기는 관계적 측면을 존중하면서도 "그러면 이렇게 정리하죠"라며 명확한 방향을 제시해준다.

전문가
Specialist

신지연의 발견

#지식수집가 #한우물형 인재 #내세상 집착러 #공유덕후

5월 8일 목요일 오전 10시

오늘의 주제는 '전문가Specialist'였다. 나는 화이트보드에 전문 서적을 그렸다.

"여러분, 팀에서 특정 분야의 깊은 지식을 가진 사람은 누구일까요?"

팀원들이 지연과 남우를 바라봤다.

지연이 말했다.

"저와 남우님 둘 다인 것 같아요. 저는 리스크 관리 전문가고, 남우님은 데이터 분석 전문가시잖아요."

"정확해요! 전문가는 특정 분야에서 깊이 있는 지식과 경험을 가진 사람이에요. 지연님은 리스크 관리 전문가로서 전문가 점수 80점, 남우님도 전문가 점수 71점을 받으셨어요."

지연이 작은 미소를 지었다.

"그런데 지영님, 저는 때때로 제가 너무 고집스럽고 융통성이 없다고 느껴요. 특히 리스크 관련해서는 절대 타협하지 않으니까요. 팀원들이 저를 부담스러워할까봐 걱정됩니다."

"지연님, 그것은 전문가의 중요한 역할입니다. 전문가는 자신의 분야에서 타협하지 않아야 해요. 그것이 팀을 지키는 방법이니까요."

나는 지연의 벨빈 보고서를 화면에 띄웠다.

▶ **전문가의 핵심 특징**

- 특정 분야의 깊은 전문성
- 전문 지식 제공
- 최신 정보 습득
- 품질 기준 유지
- 전문적 자부심
- 세부 기술 마스터

"지연님, 지연님이 리스크 관리를 하시게 된 계기가 뭔가요?"

지연이 진지하게 대답했다.

"저는 투자자를 보호하고 싶어요. 보험사에서 일할 때 많은 사람들이 리스크 관리가 안 된 상품에 투자했다가 손실을 보는 걸 봤어요. 그래서 투자자를 지키는 상품을 만들고 싶어서 하모닉증권으로 왔어요."

"그게 바로 전문가의 특징이에요. 자기 분야에 대한 확고한 철학과 사명감을 가지고 있죠."

전문가의 강점과 약점

나는 다음 슬라이드를 넘겼다.

▶ 전문가의 강점

- 전문 분야의 깊은 지식

- 최신 정보와 트렌드 파악

- 높은 전문성

- 품질 기준 유지

- 문제 해결 능력

- 신뢰할 수 있는 조언

▶ **전문가의 용인할 만한 약점**

- 좁은 관심 범위

- 전문 분야 밖에는 무관심할 수 있음

- 지나치게 기술적인 설명

- 다른 관점 간과 가능

- 변화 수용 느림(전문성 고수)

"지연님, 솔직히 물어볼게요. 리스크 관리 외의 다른 업무는 흥미가 덜하신가요?"

지연이 웃으며 솔직하게 말했다.

"네, 맞아요. 마케팅이나 영업 관련 이야기는 솔직히 잘 모르겠어요. 제 관심사는 오직 '이 상품이 투자자에게 안전한가?'예요."

준식이 말했다.

"저는 그게 좋아요! 지연님이 리스크 관리에만 집중해주시니까, 저는 제 아이디어에 어떤 위험이 있는지 명확하게 알 수 있거든요."

"바로 그겁니다! 전문가는 자기 분야에 집중하기 때문에, 그 분야에서는 최고 수준의 통찰을 제공해요."

전문가와 창조자의 시너지

나는 화이트보드에 협업 모델을 그렸다.

창조자 + 전문가 = 혁신적이면서 안전한 상품

▶ 단계 1: 창조자의 아이디어

- 준식: "ESG 자동 조절 펀드 어때요?"
- 혁신적이지만 리스크 불명확

▶ 단계 2: 전문가의 검증

- 지연: '투자자 보호 관점에서 3가지 리스크 발견'
- 전문성으로 문제 식별

▶ 단계 3: 함께 해결책 찾기

- 준식 + 지연: '리스크를 줄이는 안전장치 추가'
- 혁신 + 안전 = 최고의 상품

"보세요. 창조자가 아이디어를 내고, 전문가가 안전하게 만들어요. 이게 시너지예요."

지연이 말했다.

"맞아요! 저는 준식님의 창의성이 부러워요. 저는 리스크만 생각하느라 새로운 아이디어가 잘 안 떠올라요. 하지만 준식님 아이디어에 제 전문성을 더하면, 정말 좋은 상품이 나와요."

준식도 말했다.

"저도 지연님의 전문성이 필요해요. 지연님이 리스크를 짚어주시지 않으면, 제 아이디어는 그냥 위험한 상품이 되어버릴 수도 있거든요."

전문가의 역할 체험: 전문가 리뷰

"자, 이제 실습해볼까요? 지연님, ESG 자동 조절 펀드에 대한 리스크 전문가 리뷰를 해주세요."

지연이 준비한 자료를 공유했다.

ESG 자동 조절 펀드 리스크 분석 보고서

작성자: 신지연 (리스크 관리 전문가)

▶ **주요 리스크**

기술 리스크(심각도: 높음)

- ESG 자동 조절 알고리즘 오작동 가능성

- 실시간 데이터 연동 실패 시 포트폴리오 불균형

- 권고 조치: 이중 검증 시스템 구축

시장 리스크(심각도: 중간)

- ESG 점수 높은 기업의 단기 수익률 변동성

- 급격한 시장 변화 시 자동 조절 지연

- 권고 조치: 변동성 한도 설정

운영 리스크(심각도: 낮음)

- 투자자의 잘못된 설정값 입력

- 권고 조치: 투자자 교육 강화

▶ **리스크 완화 방안**

- 손실 한도 자동 설정(최대 -20%)

- 월 1회 포트폴리오 리뷰 알림

- 전문가 상담 서비스 제공

▶ **투자자 보호 장치**

- 고위험 경고 시스템

- 쿨링오프 기간(14일)

- 24시간 고객 지원

재표가 감탄하며 말했다.

"와… 지연님, 정말 전문가시네요. 이렇게 체계적으로 리스크를 분석하시다니…"

지연이 웃으며 말했다.

"이게 제 일이에요. 투자자를 지키는 게 제 사명이거든요."

나는 박수를 쳤다.

"완벽해요! 이게 전문가의 가치예요. 전문가 덕분에 우리는 안전한 상품을 만들 수 있어요."

전문가와 효과적으로 협업하기

나는 팀원들에게 유인물을 나눠주었다.

전문가와 효과적으로 협업하는 방법

▶ **DO(이렇게 하세요)**

- 전문 지식을 존중하세요

- 전문가의 조언을 경청하세요

- "전문가 관점에서 어떻게 보이나요?"라고 물어보세요

- 최신 정보 습득 시간을 제공하세요

- 전문성 개발을 지원하세요

▶ **DON'T(이렇게 하지 마세요)**

- 전문 분야를 무시하거나 평가절하하지 마세요

- "그냥 간단하게 설명해줘요"라고 무시하지 마세요

- 전문가를 팀에서 고립시키지 마세요

- 전문성 없이 함부로 판단하지 마세요

준식이 물었다.

"지연님이 리스크 설명을 하실 때 너무 전문적이어서 이해하기 어려울 때가 있어요. 어떻게 하면 좋을까요?"

지연이 먼저 대답했다.

"준식님, 제가 너무 전문 용어를 많이 쓰나봐요. 앞으로는 쉬운 말로 설명하도록 노력할게요."

"좋은 태도예요, 지연님. 전문가를 위한 커뮤니케이션 팁을 드릴게요."

나는 화이트보드에 적었다.

전문가를 위한 쉬운 설명 방법

▶ **3단계 설명법**

- 1단계: 한 문장 요약(결론)

- 2단계: 쉬운 비유로 설명

- 3단계: 전문 용어로 상세 설명(원하는 사람만)

▶ **예시 활용**

- 실제 사례로 설명

- "예를 들면…"

▶ **질문 환영**

- "이해 안 되는 부분 있으세요?"

- 질문을 귀찮아하지 않기

지연이 고개를 끄덕이며 말했다.

"좋아요! 다음부터는 이렇게 해볼게요. 예를 들어 'ESG 자동 조절 펀드의 기술 리스크가 높습니다'(1단계), '자동차가 자율 주행 중에 오작동할 수 있는 것처럼, 이 시스템도 오작동 가능성이 있어요'(2단계), '구체적으로는 알고리즘 실패율이 2~3% 예상됩니다'(3단계) 이런 식으로요."

"완벽해요!"

전문가를 위한 팀 연결

회의 후, 나는 지연과 따로 이야기를 나눴다.

"지연님, 오늘 어떠셨어요?"

지연이 말했다.

"좋았어요. 제 전문성이 인정받는 느낌이었어요. 그런데…"

"그런데요?"

"사실 저는 가끔 팀에서 외톨이 같은 느낌이 들어요. 다들 마케팅이나 영업 이야기할 때, 저는 리스크 이야기만 하니까…"

"이해해요. 전문가가 흔히 겪는 어려움이에요."

나는 노트에 적어주었다.

전문가를 위한 팀 연결 방법

▶ **전문 분야 외 활동 참여**

- 팀 점심, 커피 타임 참여
- 업무 외 대화도 나누기

▶ 전문 지식 공유

- 월 1회 ‘전문가의 시간’
- 팀원들에게 쉽게 가르치기

▶ 다른 전문가와 교류

- 남우님과 전문가 네트워크
- 외부 전문가 모임 참여

▶ 팀 프로젝트 참여

- 전문 분야만이 아닌
- 다양한 역할 경험하기

지연이 미소 지으며 말했다.

“좋아요! 다음 주에 팀 점심 모임 있다고 했는데, 꼭 참여할게요. 그리고 남우님과 함께 ‘데이터와 리스크’ 세미나를 팀 내에서 한 번 해보는 것도 좋을 것 같아요.”

“훌륭한 생각이에요!”

그날 저녁, 지연이 나에게 문자 메시지를 보내왔다.

‘지영님, 남우님과 이야기해봤는데, 다음 주 금요일에 ‘데이터와 리스크: 투자자를 지키는 두 가지 무기’라는 주제로 팀 세미나를 하기로 했어요. 전문가로서 팀에 기여하면서도 팀과 더 가까워질 수

있을 것 같아요. 감사합니다!'

전문가 깊이 알기

전문가들이 스스로와 주변을 힘들게 하는 점

하모닉증권 상품개발팀의 신지연처럼 전문가는 특정 분야에 대한 확고한 철학과 깊은 지식을 가지고 있다. '투자자 보호를 절대적으로 중요하게 여긴다'는 그녀의 신념처럼, 전문가는 자기 영역에서는 타협하지 않는다. 그러나 팀장이 전문가일 경우, 팀장은 자기 전문 분야에서만 리더십을 발휘하고, 그 외 영역은 관심을 두지 않을 수 있다. 기술적 이슈에는 깊이 파고들지만, 팀원들의 커리어 개발이나 팀 운영, 조직 정치에는 무심하다. "그건 제 영역이 아니라서요"라는 말을 자주 하고, 팀의 전체 성과보다 본인의 전문성 발휘에만 집중한다.

신지연이 조용하지만 본인의 의견을 조근조근 분명히 말하는 것처럼, 전문가는 자기 분야에서는 양보가 없다. 이것이 때로는 '고집이 세다', '융통성이 없다'로 비춰지기도 한다. 홍재표(전문가)가 "일단 출시하고 수정하면 되지 않나요?"라고 할 때, 신지연과 같은 전문가는 "리스크 검토 없이는 진행할 수 없습니다"라며 물러서지 않는다. 원칙을 지키는 것이지만, 팀의 속도를 늦추는 병목이 되기도 한다.

실무자가 전문가일 경우, 전문가는 회의에서 자기 분야가 아닌 주제에는 참여하지 않고, 관련된 안건이 나올 때만 장황하게 설명한다. 비전문가가 이해하기 어려운 용어를 남발하며, "쉽게 설명해주세요"라는 요청에 '왜 그런 것도 모를까?'라며 답답해한다. 상품개발팀의 신지연이 혼자 카페에서 책을 읽는 것을 좋아하는 것처럼, 전문가는 팀 활동보다 개인적인 깊이를 추구해서 '자기 것만 챙기는 사람', '팀플레이어가 아닌 사람'으로 보일 수 있다..

전문가들이 함께 할 때 도움을 받을 수 있는 팀역할

강민준 팀장 같은 지휘조절자가 전문가의 지식을 팀 전체가 활용할 수 있도록 연결해준다. "지연님, 이 부분을 팀원들에게 쉽게 설명해주실 수 있을까요?"라며 전문 지식의 번역자 역할을 요청한다. 이민형과 같은 분위기조성자는 전문가가 팀 내에서 고립되지 않도록 "지연님, 점심 같이 드실래요?"라며 관계의 다리를 놓아준다.

지휘조절자
Coordinator

강민준의 발견

#사람을 알아보는 #의견 조율러 #디테일은 알아서 #위임왕

5월 9일 금요일 오전 10시

오늘의 주제는 '지휘조절자^{Coordinator}'였다. 나는 화이트보드에 지휘봉을 든 지휘자 그림을 그렸다.

"여러분, 팀의 리더, 팀을 조율하는 사람은 누구일까요?"

당연하게도 모두가 강팀장을 바라봤다.

강팀장이 쓱쓱하게 웃으며 말했다.

"저요… 그런데 요즘은 제가 제대로 조율을 못 하는 것 같아서…"

"팀장님, 오늘 우리가 그 고민을 함께 풀어볼 거예요."

나는 강팀장의 벨빈 보고서를 화면에 띄웠다.

- 팀 목표 명확화

- 구성원 조율

- 역할 배분

- 합의 도출

- 권한 위임

- 성숙한 리더십

"팀장님의 지휘조절자 점수는 88점으로 매우 높아요. 팀장님은 타고난 조율자예요."

강팀장이 고개를 저으며 말했다.

"그런데 왜 최근에는 아무것도 조율이 안 되는 걸까요? 팀원들 의견이 다를 때마다 저는 어떻게 해야 할지 몰라서 혼란스러워요."

"팀장님, 그건 팀장님 잘못이 아니에요. 팀원들이 서로의 역할을 몰랐기 때문이에요. 하지만 이제는 다릅니다. 모두가 자신의 역할을 알았으니, 팀장님의 조율이 훨씬 쉬워질 거예요."

지휘조절자의 강점과 약점

나는 다음 슬라이드를 넘겼다.

▶ **지휘조절자의 강점**

- 팀 목표 설정 및 공유

- 구성원의 강점 파악 및 활용

- 효과적인 역할 배분

- 합의 도출 능력

- 권한 위임

- 포용적 리더십

▶ **지휘조절자의 용인할 만한 약점**

- 때로 우유부단해 보일 수 있음

- 모든 역할을 직접 하지 않음

- 느린 의사결정(합의 추구)

- 갈등 상황에서 스트레스

"팀장님, 지난 몇 개월 동안 가장 힘들었던 순간이 언제였나요?"
강팀장이 깊은 한숨을 쉬며 말했다.

"매 순간이 힘들었어요. 준식님은 계속 아이디어를 바꾸고, 은지님은 계획 변경에 화내고, 재표님은 빨리 출시하자고 하고, 민형님은 팀이 지쳤다고 하고⋯ 저는 누구 말을 들어야 할지, 어떻게 결정해야 할지 정말 몰랐어요. 그래서 제가 리더로서 자질이 없는 건 아닌가 하는 생각을 매일 했어요."

준식이 미안한 표정으로 말했다.

"팀장님, 죄송해요. 제가 너무 많은 아이디어를 내서 팀장님을 힘들게 했네요."

은지도 말했다.

"저도 미안해요. 저는 팀장님이 제 입장을 이해 못 하신다고 생각했는데, 팀장님도 정말 힘드셨겠어요."

강팀장의 눈가가 촉촉해졌다.

"고마워요, 여러분…"

나는 말했다.

"팀장님, 팀장님은 나쁜 리더가 아니에요. 오히려 훌륭한 지휘조절자예요. 다만, 조율할 도구가 없었을 뿐이에요. 이제 우리에게 그 도구가 생겼어요. 바로 벨빈이죠."

지휘조절자의 역할: 오케스트라 지휘자처럼

나는 화이트보드에 그린 오케스트라 그림을 가리키며 설명을 이어갔다.

▶ **팀 = 오케스트라**

- 바이올린(창조자 – 준식): 멜로디, 아이디어

- 첼로(실행자 - 은지): 안정적인 베이스, 실행

- 트럼펫(추진자 - 재표): 강한 사운드, 추진력

- 플루트(분위기조성자 - 민형): 부드러운 조화

- 팀파니(냉철판단자 - 남우): 정확한 타이밍, 판단

- 오보에(전문가 - 지연): 독특한 음색, 전문성

▶ **지휘자(지휘조절자: 강팀장)**

- 각 악기의 소리를 듣고

- 언제 어떤 악기가 연주할지 조율하고

- 전체 하모니를 만들어냄

"팀장님, 팀장님은 모든 악기를 다 연주할 필요가 없어요. 각 악기 연주자들이 잘 연주하도록 조율하면 돼요."

강팀장이 고개를 끄덕이며 말했다.

"그러니까 저는 창조자처럼 아이디어를 낼 필요도 없고, 추진자처럼 빠르게 밀어붙일 필요도 없는 거네요?"

"정확해요! 팀장님은 준식님이 아이디어 낼 타이밍을 정하고, 재표님이 밀어붙일 타이밍을 정하고, 은지님이 실행할 환경을 만들어주면 돼요. 그게 지휘조절자의 역할이에요."

지휘조절자의 역할 체험 : 회의 운영

"자, 이제 실습해볼까요? 팀장님, 이번 주 팀 회의를 운영해보세요. 주제는 'ESG 자동 조절 펀드 개발 계획 최종 확정'입니다."

강팀장이 앞으로 나왔다. 처음에는 조금 떨렸지만, 곧 자신감을 찾았다.

"좋습니다. 오늘 회의 목표는 ESG 자동 조절 펀드 개발 계획을 최종 확정하는 것입니다. 우선 각자의 역할에 따라 의견을 들어보겠습니다."

"준식님, 창조자로서 이 상품의 핵심 아이디어를 다시 한번 설명해 주시겠어요?"

준식이 설명했다.

"투자자가 ESG 중요도를 직접 설정하면, 포트폴리오가 자동으로 조절되는 펀드입니다."

"좋습니다. 남우님, 냉철판단자로서 데이터 분석 결과를 요약해 주시겠어요?"

남우가 노트북을 열었다.

"시장성은 좋습니다. 다만 기술 개발에 8주 정도 걸릴 것으로 예상됩니다."

"은지님, 실행자로서 실행 가능한 계획인가요?"

은지가 대답했다

"네, 실행 가능합니다. 8주 일정으로 계획을 짰습니다."

"지연님, 전문가로서 리스크는 관리 가능한가요?"

지연이 말했다.

"네, 안전장치를 추가하면 관리 가능합니다."

"재표님, 추진자로서 시장 타이밍은 어떤가요?"

재표가 대답했다.

"8주 후 출시하면 경쟁사보다 한 달 빠릅니다. 완벽해요."

"민형님, 분위기조성자로서 팀 컨디션은 어떤가요?"

민형이 초록색 신호등 카드를 들었다.

"현재 팀 컨디션 좋습니다. 8주 프로젝트 진행 가능해요!"

강팀장이 미소를 지으며 말했다.

"훌륭합니다. 모든 역할의 의견이 일치하네요. 그럼 ESG 자동 조절 펀드 개발을 최종 확정합니다. 은지님, 내일까지 상세 계획서 공유 부탁드리고, 모두 수고하셨습니다!"

나는 박수를 쳤다.

"완벽해요, 팀장님! 이게 바로 지휘조절자의 역할이에요. 각 역할의 의견을 듣고, 조율하고, 합의를 도출하는 거죠."

강팀장이 환하게 웃으며 말했다.

"이렇게 하니까 정말 쉽네요! 제가 모든 걸 결정할 필요가 없고, 각자의 전문성을 활용하면 되는 거였군요."

지휘조절자와 효과적으로 협업하기

나는 팀원들에게 유인물을 나눠주었다.

지휘조절자와 효과적으로 협업하는 방법

▶ **DO(이렇게 하세요)**

- 조율자로서의 역할을 인정하세요

- 의견을 명확히 전달하세요

- 팀 목표 달성에 협력하세요

- "어떻게 결정하시겠어요?"라고 물어보세요

- 위임받은 권한은 책임있게 수행하세요

▶ **DON'T(이렇게 하지 마세요)**

- "당신이 결정하세요"라고만 하지 마세요

- 숨은 의도나 개인적 갈등을 만들지 마세요

- 팀 전체 관점을 무시하고 개인 이익만 추구하지 마세요

- 지휘조절자가 모든 걸 해결해주길 기대하지 마세요

지휘조절자를 위한 리더십 성장

회의 후, 나는 강팀장과 긴 대화를 나눴다.

"팀장님, 오늘 어떠셨어요?"

강팀장이 감격스러운 표정으로 말했다.

"지영님, 정말… 말로 표현하기 어려워요. 저는 지난 몇 개월 동안 제가 무능한 리더라고 생각했어요. 팀을 조율하지 못하고, 결정도 제대로 내리지 못하고… 매일 밤 '나는 팀장 자격이 없다'는 생각에 잠을 못 이뤘어요."

강팀장의 눈가가 붉어졌다.

"그런데 오늘 깨달았어요. 제가 나쁜 리더가 아니라, 도구가 없었던 거였다는 걸. 이제 각 팀원의 역할을 알았으니, 조율하는 게 정말 쉬워졌어요."

나도 눈물이 날 것 같았지만 참으며 말했다.

"팀장님, 팀장님은 처음부터 훌륭한 지휘조절자였어요. 지휘조절자 88점은 높은 점수예요. 다만 팀원들이 서로의 역할을 몰랐기 때문에 조율이 어려웠던 거예요. 이제는 모두가 자신의 역할을 아니까, 팀장님의 진가가 발휘될 거예요."

"이제 알겠어요. 제가 모든 걸 다 잘할 필요가 없다는 거. 저는 조율만 잘하면 되는 거죠?"

"정확해요! 오케스트라 지휘자는 바이올린을 연주하지 않아요.

다만 바이올린 연주자가 최고의 연주를 할 수 있도록 돕죠. 그게 팀장님의 역할이에요."

그날 저녁, 강팀장도 메시지를 보내왔다.

'지영님, 올해들어 처음으로 제 시간에 퇴근했어요. 딸이 '아빠 왜 이렇게 일찍 와?'하고 놀라더라고요. 저는 딸에게 '아빠가 이제 일을 잘하는 방법을 알게 됐어'라고 말했어요. 정말 감사합니다. 지영님 덕분에 저는 제가 어떤 리더인지 알게 됐어요. 지휘조절자로서 자신감을 갖고 팀을 이끌어가겠습니다!'

지휘조절자 깊이 알기

지휘조절자들이 스스로와 주변을 힘들게 하는 점

하모닉증권 상품개발팀의 강민준 팀장처럼 지휘조절자 리더는 차분하게 팀을 조율하는 데 탁월하다. 그러나 업무를 위임하는 능력이 뛰어난 나머지, 때로 본인이 직접 해야 할 일까지 팀원에게 넘기는 경우가 생긴다. "준식님이 아이디어 쪽은 잘하니까 이건 준식님이", "은지님이 꼼꼼하니까 이건 은지님이"라며 자연스럽게 일을 배분하지만, 팀원 입장에서는 "팀장님은 일을 다 떠맡기고, 팀장님 본인은 대체 뭘 하시겠다는 거지?"라는 의문이 쌓인다. 위로는 멋지게 보고하면서 아래로는 일만 시키는 사람처럼 보일 수 있고, 이런 인식이 팀 내 신뢰를 서서히 갉아먹을 수 있다.

강민준 팀장이 최근 '내가 뭘 잘못하고 있는 걸까?'라고 자책하는 것처럼, 지휘조절자 리더는 갈등 상황에서 자신의 역할에 회의를 느끼기 쉽다. 황준식의 창의적 아이디어와 이은지의 체계적 접근이 충돌할 때, 지휘조절자는 양쪽의 말을 다 들으면서 "둘 다 일리가 있어요"라고 하지만, 명확한 결정을 내리지 못해 갈등이 해결되지 않는다. 조율은 하지만 결단은 내리지 않는 리더, 그것이 지휘조절자의 약점이다.

실무자가 지휘조절자일 경우, 실무자는 회의에서 다들 의견을 내도록 이끄는 역할은 잘하지만, 정작 본인의 전문적 기여는 부족해 보일 때가 있다. "그래서 네 생각은 뭔데?"라는 질문에 명쾌한 답을 못 내놓아 실력이 없다는 오해를 받기도 한다. 모두의 의견을 종합하는 것이 본인의 역할이라고 생각하지만, 주변에서는 '본인 색깔이 없는 사람'으로 인식하기도 한다.

지휘조절자들이 함께 할 때 도움을 받을 수 있는 팀역할

신지연와 같은 전문가가 함께하면 지휘조절자의 조율 능력과 전문가의 깊이 있는 지식이 결합되어 팀의 신뢰도가 높아진다. "리스크 관점에서는 이렇습니다"라는 전문적 의견이 지휘조절자의 결정에 근거를 제공한다. 홍재표와 같은 추진자는 지휘조절자가 너무 느긋하게 합의를 이끌 때 "이제 결정해야 합니다"라며 속도감을 불어넣어 준다.

자원탐색가
Resource Investigator

자원탐색가의 본질과 상품개발팀의 현실

5월 12일 월요일 오전 10시

벨빈 9가지 역할 교육의 마지막 날.

오늘의 주제는 '자원탐색가Resource Investigator'였다. 나는 화이트보드에 전화기 그림을 그렸다.

"여러분, 우리 팀에서 외부 자원과 기회를 찾아오는 사람은 누구일까요?"

팀원들이 서로를 둘러봤지만, 아무도 손을 들지 않았다.

강팀장이 조심스럽게 말했다.

"지영님, 우리 팀에는 그런 역할을 하는 사람이 없는 것 같은데요?"

“정확해요, 팀장님. 우리 팀의 자원탐색가 점수를 보면, 팀장님이 58점으로 가장 높지만 이것도 필요할 때 수행 가능한 '관리 가능 역할' 수준(25~64점)이에요. 자연스럽고 편안하게 발휘되는 '선호역할' 수준(65점 이상)인 사람은 없어요.”

나는 팀역할 서클과 분포표를 띄웠다.

상품개발팀의 팀 서클

상품개발팀의 역할 분포

벨빈 팀역할	핵심 인물	비고
창조자(PL)	황준식(92점), 신지연(70점)	충분
지휘조절자(CO)	강민준(88점), 이민형(65점)	충분
추진자(SH)	홍재표(85점)	충분
냉철판단자(ME)	김남우(90점), 강민준(73점)	충분
분위기 조성자(TW)	이민형(88점), 황준식(70점)	충분
실행자(IMP)	이은지(88점)	충분
완결자(CF)	이은지(82점), 홍재표(67점)	충분
전문가(SP)	신지연(80점), 김남우(71점)	충분
자원탐색가(RI)	강민준(58점)	부족

"보세요. 우리 팀은 8개 역할은 충분한데, 자원탐색가만 부족해요."

자원탐색가란?

나는 자원탐색가의 특징을 설명했다.

▶ **자원탐색가의 핵심 특징**

• 외부 네트워크 구축

• 기회 포착 능력

• 열정적이고 외향적

• 새로운 사람과의 만남 즐김

• 외부 정보 수집

• 협력 관계 구축

"자원탐색가는 팀의 '안테나'예요. 외부 세계와 팀을 연결하는 사람이죠. 외부에서 좋은 아이디어, 유용한 사람, 필요한 자원을 찾아와요."

▶ **자원탐색가의 강점**

• 외부 자원과 기회를 발굴함

• 네트워킹을 통해 정보를 수집함

• 새로운 아이디어를 팀에 가져옴

• 외부와의 관계를 잘 관리함

▶ **자원탐색가의 용인할 만한 약점**

• 초기 열정이 시들 수 있음

• 세부사항을 놓칠 수 있음

- 후속 조치가 약할 수 있음

- 지나치게 낙관적일 수 있음

"자원탐색가가 있다면, 외부 컨퍼런스나 세미나에 참석하게 해서 새로운 정보를 공유할 수 있게 되고, 특히 창조자가 그것을 바탕으로 혁신적인 아이디어 개발도 가능하게 할 수도 있습니다.

자원탐색가 활용 가이드

▶ **팀에서 자원탐색가를 효과적으로 활용하는 법**

- 외부 컨퍼런스, 세미나 참석 기회 제공

- 산업 동향 조사 역할 부여

- 외부 파트너십 개발 담당

- 새로운 아이디어를 공유하는 시간 마련

▶ **자원탐색가와 창조자가 협력하면**

- 자원탐색가가 외부 트렌드 정보를 가져옴

- 창조자가 그것을 바탕으로 혁신적 아이디어 개발

- 함께 "시장 트렌드에 맞는 혁신" 창출

준식이 물었다.

"그럼 우리 팀에 자원탐색가가 없으면 문제가 되나요?"

"좋은 질문이에요. 자원탐색가가 없으면 팀이 '고립'될 수 있어요. 내부 자원과 아이디어만으로 일하게 되죠."

나는 구체적인 예를 들었다.

▶ 자원탐색가가 있을 때

- "저번에 학회에서 만난 AI 전문가에게 자문을 구해봤어요"
- "경쟁사 마케팅 담당자와 점심 먹으면서 시장 트렌드를 들었어요"
- "이 문제는 우리 팀 외부 협력사가 잘 해결할 수 있을 것 같아요"

▶ 자원탐색가가 없을 때

- "우리끼리 해결해야죠"
- "외부 도움은 필요 없어요"
- "우리가 모든 걸 다 할 수 있어요"

재표가 손을 들었다.

"아! 저는 마케팅 담당이라 외부 사람들을 많이 만나는데, 그게 자원탐색가 역할인가요?"

"재표님은 자가진단에서는 자원탐색가의 경우 점수가 67점으로 선호 역할에 해당하기 때문에 필요할 때는 자원탐색가 역할을 할 수 있어요. 그렇지만 현재 팀내에서는 실제 행동으로 이어지고 있지 않기 때문에, 관찰자 점수가 낮아서 최종 팀역할에서는 '잠재 강점'으로 파악됩니다."

자원탐색가 부족의 영향

나는 지난 6개월간 실패한 프로젝트를 분석한 자료를 보여줬다.

실패한 프로젝트 분석

▶ **AI 기반 투자 펀드(작년 10월) 실패**

- 실패 원인: AI 기술 부족

- 자원탐색가가 있었다면: 외부 AI 전문가와 협력 가능했음

▶ **ESG 테마 ETF(작년 12월) 실패**

- 실패 원인: ESG 데이터 부족

- 자원탐색가가 있었다면: ESG 데이터 제공 업체 발굴 가능했음

▶ **고배당 멀티에셋 펀드(올해년 1월) 실패**

- 실패 원인: 자산 배분 전문성 부족

- 자원탐색가가 있었다면: 자산배분 전문가 자문 가능했음

은지가 놀라며 말했다.

"와… 우리가 실패한 프로젝트들이 모두 외부 자원이 필요했던 경우네요!"

"정확해요! 우리 팀은 내부 역량은 훌륭해요. 하지만 외부와의 연결이 약했어요."

자원탐색가 역할 보완 방법

나는 해결 방안을 제시했다.

우리 팀의 자원탐색가 역할 보완 전략

▶ **방법 1: 역할 분산**

- 팀장(58점)이 주로 담당
- 재표(자가진단 67점)가 마케팅 네트워크 담당
- 각자가 부분적으로 기여

▶ **방법 2: 프로세스 구축**

- 월 1회 '외부 자원 브레인스토밍'
- "이 문제를 해결할 외부 전문가가 있을까?"

- "외부 협력사를 활용하면 어떨까?"

▶ 방법 3: 외부 네트워크 의도적 구축

- 학회, 세미나 참석

- 타사 담당자와의 교류

- 전문가 네트워크 활용

▶ 방법 4: 외부 협력 강화

- 기술 개발: 외부 개발 업체 활용

- 전문 자문: 외부 전문가 활용

- 데이터: 외부 데이터 제공 업체 활용

강팀장이 말했다.

"저는 자원탐색가 점수가 58점이니까, 제가 의도적으로 외부 네트워크를 구축하면 되겠네요."

"좋은 생각이에요, 팀장님! 지휘조절자이면서 부분적으로 자원탐색가 역할도 하시면 돼요."

재표도 말했다.

"저는 마케팅 담당이니까 경쟁사나 업계 동향을 파악하는 자원탐색가 역할을 하겠습니다!"

실전 연습: 외부 자원 활용 계획

"자, 이제 실습해볼까요? ESG 자동 조절 펀드를 개발할 때 필요한 외부 자원을 찾아봅시다."

팀원들이 함께 브레인스토밍을 시작했다.

ESG 자동 조절 펀드를 위한 외부 자원

▶ **기술 개발(담당: 강팀장)**

- 필요: AI 알고리즘 개발

- 외부 자원: AI 전문 개발 업체 3곳 비교 검토

▶ **ESG 데이터(담당: 재표)**

- 필요: 실시간 ESG 점수 데이터

- 외부 자원: ESG 데이터 제공 업체 계약

▶ **규제 자문(담당: 지연)**

- 필요: 금융 규제 전문가 자문

- 외부 자원: 법무법인 자문 계약

▶ **시장 조사(담당: 재표)**

- 필요: ESG 펀드 시장 동향

- 외부 자원: 시장 조사 기관 리포트 구매

▶ **기술 자문(담당: 남우)**

- 필요: 알고리즘 검증

- 외부 자원: 대학 연구소 교수 자문

나는 감탄하며 말했다.

"훌륭해요! 이렇게 외부 자원을 전략적으로 활용하면, 우리 팀의 약점을 보완할 수 있어요."

벨빈 9가지 역할 교육 마무리

나는 지난 2주를 정리했다.

"여러분, 우리는 지난 2주 동안 벨빈 9가지 팀역할을 모두 배웠어요."

나는 화이트보드에 정리했다.

▶ **벨빈 9가지 팀역할 요약**

- 창조자(준식): 혁신적 아이디어

- 냉철판단자 (남우): 객관적 분석

- 추진자 (재표): 강한 추진력

- 실행자(은지): 계획과 실행

- 완결자(은지): 품질과 완벽성

- 분위기조성자(민형): 팀 화합

- 전문가(지연): 전문 지식

- 지휘조절자(강팀장): 조율과 리더십

- 자원탐색가(팀 전체): 외부 자원 활용

"우리 팀은 8개 역할은 충분하고, 자원탐색가만 의도적으로 보완하면 돼요. 이제 우리는 각자의 역할을 알았어요. 그 다음은 뭘까요?"

준식이 손을 들었다.

"실제로 일하면서 적용하는 거죠?"

"정확해요! 다음 주부터는 실제 프로젝트에 벨빈을 적용해볼 거예요."

강팀장이 말했다.

"지영님, 그동안 정말 많은 걸 배웠어요. 우리 팀이 왜 힘들었는지 이제 알겠어요. 서로의 역할을 몰랐기 때문이었어요."

민형이 말을 이었다.

"맞아요! 이제는 준식님이 아이디어를 바꾸셔도 '아, 창조자니까 당연하지'라고 생각할 수 있어요. 그리고 은지님이 계획을 지키려는 것도 '실행자니까 그럴 수밖에 없지'라고 이해할 수 있고요."

재표도 말했다.

"저도요! 민형님이 빨간색 신호등 카드를 올리시면, 저는 화내지 않고 '아, 팀이 지쳤구나. 속도를 조절해야겠다'라고 생각할 거예요."

은지가 눈물을 글썽이며 말했다.

"여러분, 고마워요. 저는 제가 융통성 없는 사람인 줄 알았는데, 실행자이면서 완결자라는 역할이 있다는 걸 알게 됐어요. 그리고 여러분 모두가 저를 이해해주시니까… 정말 행복해요."

나도 눈시울이 붉어졌다.

"여러분, 우리는 이제 팀다운 팀이 되기 위한 첫 걸음을 뗐어요. 각자의 역할을 알았으니까요. 앞으로 우리가 함께 만들어갈 변화가 정말 기대돼요!"

모두가 박수를 쳤다.

그날 저녁, 강팀장이 팀 단체 채팅방에 메시지를 보냈다.

'팀원 여러분, 오늘로 벨빈 9가지 역할 교육이 끝났습니다. 지난 일주일 동안 우리는 서로를 더 깊이 이해하게 됐어요. 이제부터가 진짜 시작입니다. 다음 주 월요일부터 ESG 자동 조절 펀드 프로젝트를 시작합니다. 우리의 역할을 활용해서, 최고의 상품을 만들어봅시다! 화이팅!'

팀원들이 하나둘씩 응원 메시지와 이모티콘을 보냈다.

- 준식: "창조자 준식, 준비 완료!"

- 남우: "냉철판단자 남우, 데이터 준비 완료!"

- 재표: "추진자 재표, 엔진 가동!"

- 은지: "실행자 & 완결자 은지, 체크리스트 준비 완료!"

- 민형: "분위기조성자 민형, 신호등 카드 준비 완료!"

- 지연: "전문가 지연, 리스크 분석 준비 완료!"

마지막으로 강팀장이 메시지를 보냈다.

'지휘조절자 강민준, 오케스트라 준비 완료! 우리 팀, 최고의 하모니를 만들어봅시다!'

나는 상품개발팀 단체 채팅방의 메시지를 확인한 후 9가지 역할에 대한 생각을 정리했다.

'벨빈의 9가지 팀역할은 고유한 강점과 약점을 가지고 있으며, 이들이 조화롭게 협력할 때 팀은 최고의 성과를 낼 수 있다.

'완벽한 역할'이란 없다. 모든 역할에는 허용 가능한 약점Allowable Weaknesses이 있으며, 이는 그 역할의 강점과 함께 존재한다. 팀의 성공은 각자의 약점을 비난하는 것이 아니라, 서로의 강점으로 약점을 보완하는 데 있다.

또한 한 사람이 하나의 역할만 가지는 것도 아니다. 대부분의 사람들은 2~3개의 주요 역할을 가지고 있으며, 상황에 따라 다른 역할을 발휘할 수도 있다. 중요한 것은 자신의 자연스러운 강점을 이해하고, 그것을 팀에 최대한 기여하는 것이다.'

자원탐색가 깊이 알기

자원탐색가들이 스스로와 주변을 힘들게 하는 점

팀장이 자원탐색가일 경우, 팀장은 외부 네트워킹과 신규 기회 발굴에 열정적이라 출장과 미팅이 잦다. "이번에 좋은 파트너사 만났어요!", "업계 컨퍼런스에서 새로운 트렌드를 들었는데요!"라며 새로운 협업 건을 가져오지만, 정작 팀 내부 업무 진척 상황은 파악하지 못한다. 팀원이 "팀장님, 결재 부탁드립니다"라고 해도 "아, 그거 내일 볼게요"가 며칠씩 이어지고, 중요한 내부 회의에 "죄송합니다. 제가 외부 미팅이 있어서요"라며 불참하기 일쑤다. 팀원들은 "우리 팀장님은 밖에서는 유명한데, 우리 팀 일은 관심이 없으신 것 같아"라고 느낀다.

실무자가 자원탐색가일 경우, 실무자는 프로젝트 초반에는 열정적으로 정보를 수집하고 관계자들을 연결해준다. "제가 아는 사람 중에 이 분야 전문가가 있는데, 소개해드릴까요?"라며 네트워크를 적극 활용한다. 그러나 프로젝트 중반 이후 지루해지면 에너지가 급격히 떨어진다. 새로운 프로젝트 이야기만 나오면 눈이 반짝이고, 기존 업무 마무리는 슬그머니 다른 사람에게 넘기려 한다. "이건 이제 거의 다 된 거잖아요, 제가 없어도 되죠?"라며 손을 털고, 또 다른 새로운 기회를 찾아 나선다.

자원탐색가의 또 다른 어려움은 약속의 과잉이다. 외부에서 "저희가 할 수 있어요!"라고 호언장담해놓고, 내부에 와서는 "이거 해야 하는데요"라며 일을 던진다. 본인은 기회를 가져온 공로자라고 생각하지만, 실제로 그 일을 수행해야 하는 팀원들은 "또 시작이네"라며 한숨을 쉰다. 외부 관계에 쏟는 에너지만큼 내부 팔로업에 신경 쓰지 않아, 결국 좋은 기회도 흐지부지 끝나는 경우가 많다.

자원탐색가들이 함께 할 때 도움을 받을 수 있는 팀역할

상품개발팀의 이은지와 같은 완결자가 옆에 있으면 자원탐색가가 시작해 놓고 흐지부지된 일들을 끝까지 마무리해준다. "그건 제가 마지막까지 챙길게요"라는 완결자의 말에 자원탐색가는 안심하고 다음 기회를 탐색할 수 있다. 그리고 이은지와 같은 실행자는 자원탐색가가 가져온 외부 기회를 구체적인 업무 프로세스로 정착시킨다. "좋은 파트너네요, 그러면 협업 프로세스를 이렇게 만들어볼까요?"라며 일회성 연결을 지속 가능한 협력으로 발전시켜준다.

PART 3

우리 팀에
벨빈
적용하기

역할 기반 회의 운영과 업무 분담하기

실전 프로젝트의 시작

5월 13일 화요일 오전 9시

ESG 자동 조절 펀드 프로젝트가 공식적으로 시작되는 날이다. 나는 상품개발팀 회의실에서 킥오프 미팅을 준비하고 있었다.

강팀장이 먼저 도착해서 말했다.

"지영님, 떨리네요. 지난 몇일 동안 역할에 대해 배웠지만, 실제로 적용하는 건 또 다른 문제잖아요."

"맞아요, 팀장님. 하지만 우리에게는 이제 지도가 있어요. 벨빈이라는 지도요. 그 지도를 따라가기만 하면 돼요."

팀원들이 하나둘씩 도착했다. 모두의 표정이 밝았다. 2주 전의 무거운 분위기와는 확연히 달랐다.

강팀장이 회의를 시작했다.

"좋아요, 여러분. 오늘부터 ESG 자동 조절 펀드 프로젝트를 시작합니다. 이번에는 지난번과 다르게, 우리 각자의 역할을 활용해서 일해봅시다."

역할 기반 회의 운영

강팀장이 새로운 회의 방식을 제안했다.

"오늘부터 우리 회의는 '역할 순서'로 진행하겠습니다."

나는 화이트보드에 회의 진행 순서를 적었다.

▶ **역할 기반 회의 진행 순서**

1. 지휘조절자(강팀장): 회의 목표 및 안건 제시

2. 창조자(준식): 아이디어 및 제안 발표

3. 전문가(지연, 남우): 전문적 분석 제공

4. 냉철판단자(남우): 데이터 기반 평가

   실행자(은지): 실행 가능성 검토

5. 완결자(은지): 품질 기준 확인

6. 추진자(재표): 일정 및 마일스톤 제안

7. 분위기조성자(민형): 팀 컨디션 보고

8. 지휘조절자(강팀장): 합의 도출 및 결정

강팀장이 시작했다.

"오늘 회의 목표는 'ESG 자동 조절 펀드의 핵심 기능 확정'입니다. 준식님, 창조자로서 먼저 제안해주시죠."

준식이 자신있게 발표했다.

"ESG 자동 조절 펀드의 핵심 기능은 세 가지입니다. 첫째, 투자자가 E(환경), S(사회), G(지배구조) 각각의 중요도를 설정할 수 있어요. 둘째, AI가 그 설정에 맞춰 포트폴리오를 자동으로 조절해요. 셋째, 월 1회 투자자에게 ESG 영향 리포트를 제공해요."

지연이 전문가로서 의견을 냈다.

"리스크 관리 관점에서 보면, 자동 조절 기능에 '안전 한도'가 필요해 보입니다. 예를 들어, 한 달에 투자 구성 변경을 30% 이상 하지 않도록 제한하는 거죠."

남우가 데이터를 보여주며 말했다.

"데이터 분석 결과, 준식님 아이디어는 시장성이 있습니다. 다만, AI 알고리즘 개발에 6주 정도 걸릴 것으로 예상됩니다. 그리고 지연님이 제안한 안전 한도는 필수적으로 보입니다."

은지가 실행자로서 계획을 제시했다.

"6주 일정으로 실행 가능합니다. 다만, 외부 AI 개발 업체와 계약을 이번 주 내로 완료해야 합니다."

재표가 추진력을 발휘했다.

"6주면 경쟁사보다 3주 빠릅니다. 완벽해요! 이번 주 금요일까지 외부 업체 계약 완료를 목표로 하겠습니다."

민형이 초록색 신호등 카드를 들었다.

"현재 팀 컨디션 좋습니다. 6주 프로젝트 진행 가능합니다!"

강팀장이 정리했다.

"좋습니다. 모든 역할의 의견을 종합하면, 준식님의 핵심 기능에 지연님의 안전 한도를 추가하고, 6주 일정으로 진행하는 것으로 확정합니다. 은지님, 상세 계획서 내일까지 부탁드립니다."

회의는 30분 만에 끝났다. 예전 같았으면 2시간은 걸렸을 회의였다.

준식이 감탄하며 말했다.

"와… 이렇게 빨리 결정되다니! 그리고 제 아이디어가 거부당한 게 아니라, 더 안전하게 보완됐어요!"

은지도 웃으며 말했다.

"저도 좋아요! 계획이 명확하고, 변경 없이 6주 동안 집중할 수 있을 것 같아요."

역할별 업무 분담

회의 후, 나는 팀과 함께 역할별 업무 분담을 정리했다.

ESG 자동 조절 펀드 프로젝트 역할 분담

▶ **창조자(준식)**

- 상품 컨셉 디자인

- 사용자가 사용하기 편한 화면 기획

- 혁신 기능 아이디어 제공

▶ **냉철판단자(남우)**

- 시장 데이터 분석

- 수익률 시뮬레이션

- 경쟁사 비교 분석

▶ **추진자(재표)**

- 프로젝트 일정 관리

- 마일스톤 모니터링

- 마케팅 전략 수립

▶ **실행자 & 완결자(은지)**

- 프로젝트 매니저(PM)

- 실행 계획 수립

- 품질 관리

- 최종 검수

▶ **분위기조성자(민형)**

- 팀 컨디션 모니터링

- 팀원 간 조율

- 회의 분위기 관리

▶ **전문가(지연)**

- 리스크 분석

- 투자자 보호 장치 설계

- 규제 준수 확인

▶ **지휘조절자(강팀장)**

- 전체 프로젝트 총괄

- 의사결정

- 외부 협력(자원탐색가 역할 겸함)

재표가 말했다.

"이렇게 역할을 명확히 나누니까 훨씬 명확하네요! 저는 일정 관리와 마케팅에만 집중하면 되는 거죠?"

"정확해요! 각자가 자기 역할에 집중하면, 팀 전체가 효율적으로 움직일 수 있어요."

팀역할 기반 협업 계획 세우기

업무 분담, 이제는 '역할'로 생각하기

팀에서 새로운 업무가 생기면 우리는 보통 이렇게 묻습니다. "이거 누구 담당이지?" 그리고 해당 업무의 책임자에게 일이 배정됩니다. 마케팅 업무는 마케팅 담당자에게, 데이터 분석은 데이터 담당자에게. 당연한 흐름이죠.

하지만 여기서 한 가지 질문을 더해보면 어떨까요?

"이 업무를 잘 수행하려면 어떤 팀역할이 필요하지?"

예를 들어, 신규 서비스 기획안을 작성하는 업무가 있다고 해봅시다. 담당자는 기획팀의 A 과장입니다. 그런데 이 업무를 성공적으로 수행하려면 창의적인 아이디어(창조자), 실현 가능성 검토(실행자), 리스크 분석(냉철판단자)이 모두 필요할 수 있습니다. A 과장이 실행자 성향이 강하다면, 창조자 역할을 잘하는 동료에게 아이디어 브레인스토밍을 요청하고, 냉철판단자 역할의 동료에게 검토를 부탁하는 것이 더 좋은 결과를 만들어낼 수 있습니다.

이것이 바로 팀역할 기반 협업 계획입니다.

협업 계획표 작성하기

아래 표를 활용하여 주요 업무별로 협업 계획을 세워보세요.

업무 (Task)	담당자	담당자의 강점 역할	업무 수행에 필요한 팀역할	협업 계획
신규 서비스 컨셉 기획	김○○	실행자, 완결자	창조자, 냉철판단자	아이디어 단계에서 박○○ (창조자)와 브레인스토밍, 초안 완성 후 이○○(냉철판 단자)에게 검토 요청
고객 설문 결과 분석	이○○	냉철판단자, 전문가	냉철판단자, 분위기조성자	분석은 담당자가 수행, 결과 발표 전 최○○(분위기조성 자)와 메시지 톤 조율
프로젝트 일정 수립	박○○	추진자	실행자, 완결자	일정 초안 작성 후 김○○ (실행자)에게 실현 가능성 검토 요청
외부 파트너 미팅	최○○	자원탐색가	자원탐색가, 전문가	미팅 전 이○○(전문가)에게 기술적 질문 리스트 사전 점 검 요청

1. 주요 업무와 담당자를 먼저 적습니다.

2. 담당자가 강점으로 가진 팀역할을 확인합니다.

3. 해당 업무를 성공적으로 수행하는 데 필요한 팀역할이 무엇인지 생각합니다.

4. 담당자에게 부족한 역할이 있다면, 그 역할을 강점으로 가진 팀원과의 협업 방법을 구체적으로 적습니다.

도움을 요청하는 것도 실력입니다

'내 업무는 내가 알아서 해야지'라는 생각, 익숙하시죠? 물론 책임감은 중요합니다. 하지만 업무의 성과를 높이기 위해 동료의 강점을 빌려오는 것은 무능함이 아니라 현명한 선택입니다.

창조자가 아이디어를 낼 때 냉철판단자의 피드백을 구하고, 추진자가 일정을 밀어붙일 때 분위기조성자가 팀 온도를 체크해주고, 실행자가 계획을 세울 때 창조자의 신선한 관점을 듣는 것. 이렇게 서로의 강점을 나누며 일할 때, 개인의 성과가 아닌 팀의 성과가 만들어집니다.

결국 진정한 팀워크란 '각자 맡은 일을 열심히 하는 것'을 넘어, 서로의 강점으로 서로의 약점을 채워주는 것이 아닐까요? 어렵게 생각하지 마세요. "이 부분 좀 봐줄 수 있어요?"라는 한마디면 충분합니다.

역할 맵핑과 팀 구성 최적화

프로젝트 단계별 역할 활용

5월 15일 목요일 오후 2시

프로젝트가 시작된 지 3일째. 나는 팀과 함께 프로젝트 단계별로 어떤 역할이 중요한지 정리하고 있었다.

나는 화이트보드에 표를 그렸다.

"보세요. 프로젝트 단계마다 필요한 역할이 다릅니다. 지금은 1단계 아이디어 단계니까, 준식님이 가장 활발하게 활동하는 시기예요."

준식이 고개를 끄덕였다.

"맞아요! 지금 제가 가장 신나요. 매일 새로운 아이디어가 떠올라요."

프로젝트 단계별 핵심 역할

단계	주요 활동	핵심 역할	지원 역할
1단계: 아이디어(1주)	컨셉 발산	창조자(PL)	전문가(SP), 자원탐색가(RI)
2단계: 분석(1주)	데이터 검증	냉철판단자(ME)	전문가(SP)
3단계: 계획(1주)	실행 계획	실행자(IMP)	지휘조절자(CO)
4단계: 개발(2주)	실제 개발	실행자(IMP)	전문가(SP), 추진자(SH)
5단계: 검증(0.5주)	품질 검증	완결자(CF)	전문가(SP)
6단계: 출시(0.5주)	최종 출시	추진자(SH)	전체
전 단계	팀 케어	분위기 조성자(TW)	지휘조절자(CO)

"그리고 3주 후 개발 단계에 들어가면, 은지님이 가장 바쁘실 거예요."

은지가 말했다.

"네, 저는 그때를 기다리고 있어요. 지금은 계획을 차근차근 세우는 중이에요."

역할 균형 맞추기

강팀장이 질문했다.

"지영님, 그런데 어떤 단계에서는 특정 역할이 너무 바쁘고, 다른 역할은 한가할 수도 있잖아요. 어떻게 균형을 맞추죠?"

"좋은 질문이에요! 두 가지 방법이 있어요."

나는 설명했다.

역할 균형 맞추기 방법

▶ **방법 1: 역할 유연성**

- 선호역할이 아닌 사람도 필요하면 역할 수행
- 예: 재표(추진자)가 부분적으로 자원탐색가 역할

▶ **방법 2: 단계별 집중도 조절**

- 바쁜 역할: 100% 집중
- 한가한 역할: 지원 역할 수행 또는 다음 단계 준비

"예를 들어, 지금은 아이디어 단계라 준식님이 바쁘시죠. 그럼 재표님은 마케팅 준비를 하시면 돼요. 그리고 개발 단계에서는 준식님이 상대적으로 한가하시니, 은지님을 지원하시면 되고요."

준식이 말했다.

"아! 그래서 팀이 필요한 거군요. 혼자서는 모든 단계를 다 잘할 수 없으니까요."

"정확해요!"

부족한 팀역할 보완

강팀장이 말했다.

"지영님, 우리 팀에서 부족한 자원탐색가 역할은 어떻게 되고 있는 것 같나요?"

"팀장님. 실제로 저번 주에 팀장님이 외부 AI 개발 업체 3곳을 비교 검토하셨잖아요. 그게 바로 자원탐색가 역할이에요."

강팀장이 놀라며 말했다.

"아! 제가 진짜로 자원탐색가 역할을 한 것이군요."

"네! 보통 벨빈 진단은 절대적인 컷오프보다 팀역할$^{Team Role}$ 전체의 패턴과 조합을 해석하는 것을 더 중요하게 보지만, 벨빈 팀역할 보고서에서 선호역할(주역할), 관리가능역할(잠재역할), 최저 선호역할(비선호역할)은 자가진단^{SPI}의 백분위 점수와 전체 팀역할(자가진단 + 관찰자평가)의 순위(1~9위) 또는 백분위 점수(65점 이상, 25~64점, 25점 미만)을 기준으로 구분하기도 해요. 그래서 팀장님의 자원탐색가 점수가 58점이지만, 관리가능 수준이기 때문에 필요할 때 의도적으로 그 역할을 하실 수 있어요."

벨빈 백분위 점수대별 특성

역할 구분	백분위 점수	활용 방안
선호역할 (Preferred Role)	65~100점	• 가장 자연스럽고 편안하게 발휘되는 역할 • 주 업무로 수행하기에 최적 • 강점과 약점이 모두 강하게 나타남
관리 가능 역할 (Manageable Role) : 잠재 역할	25~64점	• 필요할 때 수행 가능한 역할 • 약간의 노력이 필요하지만, 충분히 발휘 가능 • 다른 역할과 조화롭게 사용 가능 • 개발 가능한 역할
최저선호 역할 (Least Preferred Role) : 비선호 역할	0~24점	• 발휘하기 매우 어려운 역할 • 이 역할을 하게 되면 큰 스트레스와 성과 저하 발생 • 가능한 다른 사람에게 역할 위임하는 것이 바람직

재표가 말했다.

"저도 지난주에 말씀드린 것처럼 마케팅 담당이라 업계 사람들을 많이 만나면서 자원탐색가 역할을 일부 맡으려고 노력중이에요."

"좋아요! 팀장님과 재표님이 함께 자원탐색가 역할을 보완하는 거죠."

나는 지난주에 보여주었던 구체적인 방법을 다시 한 번 상기시켜 주었다.

우리 팀의 자원탐색가 역할 분담

▶ **강팀장(58점)**

- 외부 협력사 발굴 및 계약

- 업계 전문가 네트워크

- 학회 및 세미나 참석

▶ **재표(자가진단 67점)**

- 경쟁사 및 업계 동향 파악

- 마케팅 네트워크 활용

- 고객 피드백 수집

▶ **팀 전체**

- 월 1회 '외부 자원 브레인스토밍'

- 각자의 네트워크 공유

| 실무 가이드 |

부재한 팀역할을 보완하는 3가지 전략

팀역할균형 Team Role Balance 은 '9개 팀역할들이 한 팀 내에서 균형을 이룬다'라는 의미가 아니다. Balance를 단순히 '균형'이 아닌 '꽉 차 있다'의 뜻으로 해석해야 한다. 따라서 팀역할균형은 한 팀 내에 9개 팀역할들이 선호역할Preferred Role에 모두 존재하는 것을 의미하는 것이다.

벨빈 진단 결과, 우리 팀에 특정 팀역할이 부족하다는 것을 발견했다면 어떻게 해야 할까요? 당장 그 역할을 가진 사람을 채용하기는 어렵습니다. 다행히 팀역할의 부재는 다양한 방법으로 보완할 수 있습니다.

전략 1: 관리가능역할(잠재역할)을 가진 팀원 활용하기

벨빈 진단에서 백분위 25~64점 구간에 해당하는 역할은 '관리가능역할(잠재역할)'로, 필요할 때 의도적으로 발휘할 수 있는 역할입니다. 하모닉증권의 상품개발팀처럼 우리팀에 자원탐색가가 부족하다면, 자원탐색가 점수가 관리가능 수준인 팀원에게 관련 업무를 맡겨보세요.

▶ **활용 예시**

- 자원탐색가 점수 58점인 강팀장 → 외부 협력사 발굴, 업계 네트워킹 담당
- 자원탐색가 자가진단 67점, 관찰자평가 45점인 홍재표 → 산업 트렌드 조사, 외부 세미나 참석 업무 부여

자가진단과 관찰자평가 점수에 차이가 있다면, 그 팀원이 아직 발휘하지 못한 잠재력이 있다는 신호일 수 있습니다. 관련 업무 기회를 제공하여 역할을 개발해보세요.

전략 2: 팀의 일하는 방식으로 보완하기

특정 역할이 부족하다면, 팀 전체가 함께 그 역할을 수행하는 방식을 만들 수 있습니다. 한 사람의 강점에 의존하는 대신, 팀의 루틴으로 만드는 것입니다.

▶ **활용 예시(자원탐색가 부재 시)**

- 월 1회 '외부 자원 브레인스토밍' 회의 운영
- 팀원 각자가 자신의 네트워크와 외부 정보를 정기적으로 공유
- 외부 세미나나 컨퍼런스 참석을 팀 업무로 지정

이렇게 하면 자원탐색가 역할이 강한 사람이 없더라도, 팀 차원에서 외부 정보와 기회를 놓치지 않을 수 있습니다.

전략 3: 신규 채용 시 팀역할 고려하기

장기적으로 팀을 구성할 때는 부족한 역할을 채용 기준에 반영해보세요.

- '외부 네트워킹과 트렌드 조사를 즐기시는 분'(자원탐색가)
- '꼼꼼한 마무리와 품질 검수에 강점이 있으신 분'(완결자)

- '새로운 사람을 만나고 관계를 만드는 것을 좋아하시나요?'
- '외부에서 얻은 정보를 팀에 공유했던 경험이 있으신가요?'
- '프로젝트 마감 전 최종 점검을 어떻게 하시나요?'

기술과 경험만으로 채용하던 방식에서 한 걸음 더 나아가, 우리 팀에 필요한 팀역할을 가진 사람인지도 함께 고려해보세요.

역할 기반 커뮤니케이션 설계

역할별 커뮤니케이션 스타일

5월 20일 화요일 오전 10시

프로젝트 2주차. 팀은 순조롭게 진행되고 있었다. 하지만 작은 커뮤니케이션 문제들이 나타나기 시작했다.

은지가 나에게 찾아왔다.

"지영님, 준식님께 부탁할 게 있는데, 어떻게 말씀드려야 할지 모르겠어요."

"무슨 일인데요?"

"상품 컨셉이 너무 추상적이어서, 구체적인 기능 정의서가 필요해요. 근데 준식님께 그냥 '기능 정의서 만들어주세요'라고 하면, 또 창의적인 아이디어를 내실 것 같아서…"

"아, 역할별로 커뮤니케이션 방식이 다르다는 걸 배워야겠네요."

나는 팀 미팅을 소집했다.

"여러분, 오늘은 역할별 커뮤니케이션 방법을 배워봅시다."

나는 유인물을 나눠주었다.

"여러분, 벨빈의 9가지 역할은 크게 세 가지—행동지향Action-Oriented, 사고지향Thinking-Oriented, 관계지향People-Oriented—로 분류할 수 있어요. 그리고 각 분류에 속한 역할들은 서로 다른 커뮤니케이션 스타일을 보여준다는 점을 알아야 합니다."

"여기서 중요한 것은 '서로 다른 방식으로 말하고 듣는다는 것'을 이해하는 것입니다. 예를 들어 준식님이 '가능성'을 이야기할 때, 남우님은 '현실'을 생각하고 있을 수 있습니다. 같은 아이디어를 보는데 서로의 커뮤니케이션 스타일에 따라 완전히 다른 것을 보고 있다는 점을 이해하고, 그 차이를 인정하면 불필요한 오해나 갈등을 예방할 수 있습니다."

역할별 효과적인 커뮤니케이션 방법

▶ 창조자에게 요청할 때

- X : "기능 정의서 만들어주세요"

- O : "이 컨셉을 구체적인 기능으로 어떻게 구현하면 좋을까요?"

벨빈 9가지 역할별 커뮤니케이션 스타일

역할		선호 커뮤니케이션 스타일	특징 및 유의사항
행동지향	추진자	추진 중심, 도전적이고 직설적 커뮤니케이션	"우리가 늦었어요, 이렇게 해야 해요!"처럼 압박이나 진전을 강조하는 스타일. 다만 다른 사람의 감정을 덜 고려할 수 있어 커뮤니케이션 충돌 가능성 있습니다.
	실행자	실천 중심, 조직적이고 체계적 커뮤니케이션	"다음 단계는 이거고, 누가 언제까지 할까요?"처럼 실행 계획에 집중합니다. 다만 유연성이 떨어질 수 있습니다.
	완결자	마감 및 디테일 중심, 꼼꼼한 커뮤니케이션	"이거 체크했나요? 오류 없어요?"처럼 마감 전에 검토와 확인을 많이 합니다. 하지만 지나친 완벽함이 팀 속도에 부담이 될 수 있습니다.
사고지향	창조자	아이디어 중심, 독창적인 제안, 다소 내향적 감성 포함	"새로운 해결책이 있어요" 식으로 큰 틀을 제시하지만, 실천이나 디테일 커뮤니케이션이 약할 수 있습니다.
	냉철판단자	분석 중심, 조용하고 신중한 커뮤니케이션	"이렇게 하면 리스크가 있어요, 이런 선택이 낫습니다" 식으로 의견을 제시. 하지만 말수가 적거나 동의 얻는 데 시간이 걸릴 수 있습니다.
	전문가	전문지식 중심, 깊이 있는 커뮤니케이션	"이 분야는 제가 전문가입니다. 이런 점 유의하세요"처럼 특정 주제에 대해 깊이 말합니다. 다만 팀 전체 관점에서 발언이 적거나 고립될 수 있습니다.
관계지향	자원탐색가	외부 네트워크 활용, 활발하고 개방적 대화, 기회 탐색 중심	"이런 외부 아이디어 있어요"라고 제안하고 활발히 질문을 던지지만, 후속 커뮤니케이션이 약하거나 흥미가 떨어질 수 있습니다.
	지휘조절자	팀 전체 조정, 명확한 역할 분담, 듣기와 말하기 균형	"우리 목표는 이것이고, 누가 맡을까요?"처럼 조율과 위임 중심의 커뮤니케이션을 합니다. 다만 지나치게 조정만 하면 '내가 맡은 몫이 적다'는 느낌이 생길 수 있습니다.
	분위기 조성자	조화 중심, 듣기-배려-포용적 커뮤니케이션	"어렵진 않으세요? 같이 하면 좋겠어요"처럼 분위기 조성이나 갈등 완화에 강점이 있습니다. 반면 결정적 발언이 적고 갈등을 회피할 가능성이 있습니다.

▶ **냉철판단자에게 요청할 때**

- X : "이거 괜찮은 것 같죠?"

- O : "이 아이디어의 장단점을 데이터로 분석해주실 수 있나요?"

▶ **추진자에게 요청할 때**

- X : "천천히 해도 돼요"

- O : "이 일정으로 진행하면 품질과 속도를 모두 확보할 수 있어요"

▶ **실행자에게 요청할 때**

- X : "그냥 유연하게 가요"

- O : "명확한 계획을 만들어주시겠어요?"

▶ **완결자에게 요청할 때**

- X : "대충해도 돼요"

- O : "품질 기준에 맞는지 확인해주시겠어요?"

▶ **분위기조성자에게 요청할 때**

- X : "빨리 결정하세요"

- O : "팀 의견을 들어보고 결정해주시겠어요?"

▶ 전문가에게 요청할 때

- X : "간단하게 설명해주세요"

- O : "전문가 관점에서 상세히 설명해주시겠어요?"

▶ 지휘조절자에게 요청할 때

- X : "당신이 다 하세요"

- O : "이 문제를 팀과 함께 논의해주시겠어요?"

은지가 고개를 끄덕이며 말했다.

"아! 이제 알겠어요. 준식님께는 '이 컨셉을 구체적인 기능으로 어떻게 구현하면 좋을까요?'라고 물어보면 되는 거네요!"

"정확해요!"

갈등 시 역할 기반 대화법

나는 다음 슬라이드를 보여줬다.

"그리고 갈등이 생겼을 때도 역할을 이해하면 대화가 쉬워져요."

역할 충돌 시 대화 예시

▶ 상황: 창조자 vs 실행자

- 창조자: "이 기능 추가하면 어때요?"
- 실행자: "지금은 계획 확정 후라서 어려워요"

역할 이해한 대화

- 창조자: "은지님, 이 아이디어 정말 좋은데, 지금 단계에서는 추가가 어렵다는 거 이해해요. 다음 프로젝트 때 적용하면 어떨까요?"
- 실행자: "좋아요! 아이디어 리스트에 추가해둘게요. 다음에 꼭 반영해봅시다."

▶ 상황: 추진자 vs 분위기조성자

- 추진자: "빨리 진행해야 해요!"
- 분위기조성자: "팀이 지쳐있어요"

역할 이해한 대화

- 추진자: "민형님, 신호등이 무슨 색인가요?"
- 분위기조성자: "노란색이에요. 속도는 유지하되, 야근은 자제하면 좋을 것 같아요"
- 추진자: "알겠어요! 이번 주는 정시 퇴근하고, 업무 집중도를 높이는 걸로 하죠"

준식이 말했다.

"와… 이렇게 대화하면 갈등이 생기지 않겠네요!"

"맞아요. 역할을 이해하면, '저 사람이 나빠서'가 아니라 '역할이 달라서'라고 생각하게 돼요."

주간 체크인 미팅 도입

강팀장이 제안했다.

"지영님, 우리 팀에 정기적인 커뮤니케이션 시스템을 만들면 어떨까요?"

"훌륭한 생각이에요!"

우리는 함께 주간 체크인 미팅을 설계했다.

주간 체크인 미팅(매주 월요일 오전 9시, 30분)

▶ **지휘조절자(강팀장): 이번 주 목표(5분)**

- 프로젝트 전체 진행 상황

- 이번 주 핵심 목표

▶ **추진자(재표): 일정 리뷰(5분)**

- 지난주 마일스톤 달성 여부

- 이번 주 일정

▶ **분위기조성자(민형): 팀 컨디션(5분)**

- 지난주 팀 분위기

- 이번 주 예상 컨디션

- 신호등 색깔

▶ **각 역할별 업데이트(10분)**

- 준식: 아이디어/디자인 진행상황

- 은지: 실행 계획 진행상황

- 남우: 데이터 분석 결과

- 지연: 리스크 이슈

▶ **이슈 및 결정사항(5분)**

- 해결 필요한 이슈

- 팀 결정 필요 사항

민형이 말했다.

"이렇게 하면 30분 안에 효율적으로 정보 공유할 수 있겠네요!"

“맞아요. 그리고 매일 아침 5분 ‘스탠드업 미팅’도 추가하면 어떨까요?”

▶ **일일 스탠드업 미팅(매일 오전 9시, 5분)**
- 각자 1분씩 어제 한 일, 오늘 할 일, 이슈 공유
- 서서 진행(길어지지 않도록)

재표가 엄지를 치켜세우며 말했다.

“완벽해요! 이렇게 하면 소통이 훨씬 원활해질 거예요!”

| 실무 가이드 |

신호등 카드로 회의 효과성 높이기

왜 신호등 카드인가?

한국의 회의실에서는 종종 이런 장면이 펼쳐집니다. 리더가 “다른 의견 있으신 분?”이라고 물으면 정적이 흐르고, 아무도 먼저 말하지 않습니다. 반대 의견이 있어도 분위기를 읽느라 침묵하고, 이해가 안되는 것에 대한 질문이 있어도 혼자만 모르는 것 같아 넘어갑니다. 결국 몇몇 사람의 목소리만으로 결정이 내려지고, 나머지는 ‘시키면 하지요’라는 마음으로 회의실을 나섭니다.

신호등 카드는 이런 상황을 바꿔줍니다. 말로 먼저 나서지 않아도, 신호등 카드 한 장으로 자신의 입장을 표현할 수 있기 때문입니다. 모두가 동시에 신호등 카드를 들면 누구의 눈치도 볼 필요가 없습니다.

신호등 카드의 두 가지 활용법

활용 1: 안건 논의와 합의 도출

특정 안건에 대해 팀원들의 의견을 빠르게 파악하고 합의를 이끌어낼 때 사용합니다.

▶ **카드의 의미(논의 단계)**

카드	의미
초록색 카드	찬성합니다
노란색 카드	질문이 있습니다 / 더 확인할 사항이 있습니다
빨간색 카드	반대합니다

▶ **진행 순서**

- **의견 확인**: 안건을 설명한 후, "카드를 들어주세요"라고 요청합니다. 모든 참석자가 동시에 카드를 듭니다.
- **질문 해소**: 노란색 카드를 든 사람들의 질문을 먼저 듣고 답변합니다. 질문

이 해소되면 초록색 카드 또는 빨간색 카드로 바꿉니다.

- **반대 의견 청취**: 빨간색 카드를 든 사람들의 반대 이유를 경청합니다. 필요 시 안건을 수정하거나 보완합니다.

- **합의 확인**: 충분한 논의 후, 노란색 카드의 의미를 '대세를 따르겠습니다' 로 전환합니다. 이는 '어느 쪽으로 결정되든 제 역할을 다하겠습니다'라는 의미입니다. 다시 구성원 모두가 동시에 신호등 카드를 들어 최종 합의 여부를 확인합니다.

Tip. 빨간색 카드가 있다고 해서 나쁜 것이 아닙니다. 오히려 숨겨진 리스크를 미리 발견하는 기회입니다. 빨간색 카드를 든 사람에게 감사를 표현하세요.

활용 2: 팀 컨디션 체크

프로젝트 진행 중 팀의 현재 상태와 분위기를 빠르게 파악할 때 사용합니다.

▶ **카드의 의미(컨디션 체크)**

카드	의미
초록색 카드	컨디션 좋음, 현재 속도 유지 가능
노란색 카드	약간 부담됨, 주의 필요
빨간색 카드	과부하 상태, 속도 조절 필요

주간 회의나 스탠드업 미팅에서 "현재 컨디션을 카드로 보여주

세요"라고 요청하면, 말로 표현하기 어려운 팀의 온도를 한눈에 파악할 수 있습니다. 노란색이나 빨간색 카드가 보이면, 업무량 조정이나 지원 방안을 논의하세요.

▶ 신호등 카드, 이렇게 준비하세요

- 명함 크기의 두꺼운 색지(초록색, 노란색, 빨간색)를 잘라서 인당 3장씩 준비합니다.

- 온라인 회의에서는 화면에 띄울 수 있는 이미지 파일이나 이모지를 활용합니다.

- 처음 도입할 때는 신호등 카드의 의미를 회의실 벽에 붙여두면 자연스럽게 익숙해집니다.

- 작은 신호등 카드 한 장이 회의실의 침묵을 깨고, 모두의 목소리가 들리는 회의를 만들어줍니다.

갈등을
건강하게 다루기

프로젝트가 시작되고 처음 2주 동안, 예상했던 대로 작은 충돌들이 나타나기 시작했다.

준식이 AI 기반 자동매매 아이디어를 제안했을 때 남우가 데이터로 반박했고, 재표가 야근을 제안했을 때 민형이 팀 컨디션을 우려했다. 각자의 역할이 뚜렷해지면서 관점 차이가 드러났던 것이다.

하지만 상품개발팀은 이런 초기 마찰들을 역할 이해를 통해 잘 풀어냈다. '저 사람이 나빠서'가 아니라 '역할이 달라서'라는 것을 알았기 때문이다.

그런데 프로젝트 3주차에 들어서자, 좀 더 본격적인 갈등이 찾아왔다.

본격적인 역할 충돌: 계획 변경 요구

5월 27일 화요일 오후 3시

프로젝트 3주차. 계획이 어느 정도 자리 잡히고 실행 단계로 접어들던 때였다.

준식이 회의실로 뛰어 들어왔다.

"여러분! 지난 주말에 정말 좋은 아이디어가 떠올랐어요! ESG 점수를 시각화하는 대시보드를 추가하면 어떨까요? 투자자들이 한눈에 볼 수 있게요!"

은지의 표정이 굳어졌다.

"준식님… 지금은 프로젝트 3주차예에요. 계획 확정 후예요."

"알아요. 하지만 이 기능은 정말 중요해요! 경쟁 우위를 확보할 수 있어요!"

은지의 목소리가 높아졌다.

"준식님, 우리 계획 확정 시점을 정했잖아요! 지금 변경하면 일정이 2주 밀려요!"

분위기가 점차 험악해지기 시작했다. 민형이 불안한 표정을 지었다.

강팀장이 개입했다.

"잠깐, 두 분 다 진정하세요. 지영님, 도와주실 수 있나요?"

나는 고개를 끄덕이고 화이트보드로 가면서 말했다.

"여러분, 지금 무슨 일이 일어나고 있죠?"

준식이 말했다.

"저는 더 좋은 상품을 만들고 싶어요!"

은지가 말했다.

"저는 계획대로 출시하고 싶어요!"

"맞아요. 이건 '창조자와 실행자'의 전형적인 역할 충돌이에요. 누가 나쁜 게 아니라, 역할이 다른 거예요."

나는 갈등 관리 프로세스를 제시했다.

역할 기반 갈등 관리 프로세스

▶ 1단계: 역할 인식

- "이건 역할 충돌입니다"

- "누구도 나쁘지 않아요"

▶ 2단계: 각 역할의 관점 이해

- 창조자: "더 좋은 상품을 만들고 싶다"

- 실행자: "계획대로 안정적으로 출시하고 싶다"

▶ 3단계: 팀 목표로 돌아가기

- "우리의 목표는 뭐죠?"

- "경쟁사보다 빠르면서도 품질 좋은 상품 출시"

▶ **4단계: 타협안 찾기**

- 여러 역할의 의견 듣기

- 팀 전체에 최선인 방법 찾기

▶ **5단계: 합의 및 결정**

- 지휘조절자가 최종 결정

- 모두가 수용

나는 상품개발팀에게 물었다.

"자, 이제 각 역할의 의견을 들어봅시다. 남우님, 냉철판단자로서 데이터 분석 부탁드려요."

남우가 노트북을 열었다.

"대시보드 추가 시, 개발 기간 2주 추가 필요하고, 출시 일정이 2주 밀리면, 경쟁사와 동시 출시하거나 더 늦어질 수도 있어서 시장 선점 효과는 확실하게 상실하게 될 것입니다."

재표가 추진자로서 의견을 냈다.

"2주 지연은 큰 문제예요. 시장 타이밍이 중요해요."

지연이 전문가로서 의견을 냈다.

"대시보드가 없어도 상품의 핵심 가치는 유지돼요. 있으면 좋지만, 필수는 아니에요."

강팀장이 정리했다.

"모두의 의견을 종합하면, 대시보드는 좋은 아이디어지만 지금 추가하기는 어려워 보입니다. 준식님, 먼저 기본 상품을 빨리 출시하고, 3개월 후 업그레이드 버전에 아이디어를 추가하는 것은 어떨까요?"

준식이 잠시 생각하더니 고개를 끄덕였다.

"좋아요. 다음 단계로 미루겠습니다. 대신 확실히 반영해주세요!"

은지가 웃으며 말했다.

"물론이죠! 제가 다음 단계 계획에 넣어둘게요."

위기가 넘어갔다. 민형이 안도의 한숨을 쉬었다.

민형이 안도의 한숨을 쉬는 것을 보고, 모두가 웃었다.

갈등 후 회고

회의 후, 나는 팀과 함께 이번 갈등을 회고했다.

"여러분, 오늘 갈등을 잘 해결하셨어요. 예전과 비교하면 무엇이 달랐을까요?"

준식이 말했다.

"예전 같았으면 저는 '은지님이 왜 제 아이디어를 막냐'고 화를 냈을 거예요. 하지만 오늘은 '아, 은지님은 실행자라서 계획을 지키려는 거구나'라고 이해했어요."

은지도 말했다.

"저도요. 예전에는 '준식님이 왜 맨날 계획을 바꾸려 하냐'고 짜증났는데, 오늘은 '준식님은 창조자라서 더 좋은 방법을 찾으려는 거구나'라고 생각했어요."

강팀장이 말했다.

"그리고 제가 중재할 때도 훨씬 쉬웠어요. 각 역할의 관점을 듣고, 팀 목표에 맞는 결정을 내렸어요."

나는 칭찬했다.

"훌륭해요! 이게 바로 벨빈의 힘이에요. 갈등을 개인 공격이 아니라 역할 차이로 이해하면, 건강하게 해결할 수 있어요."

팀 그라운드 룰 수립

나는 제안했다.

"오늘의 경험을 바탕으로 우리 팀만의 기본 약속을 만들면 어떨까요? 앞으로 이런 상황이 생길 때 어떻게 할지 미리 정해두는 거예요."

나는 팀원들에게 포스트잇을 나눠주었다.

"각자 '우리 팀이 꼭 지켰으면 하는 약속' 1~2가지씩 적어주세요. 추상적이지 않으면서도 간단하고 명확하게요."

5분 후, 팀원들이 포스트잇을 화이트보드에 붙이기 시작했다.

▶ **준식의 제안**

- '계획 바꾸고 싶을 때는 팀장님께 먼저 말하기'

- '새 아이디어는 다음 프로젝트 리스트에 기록하기'

▶ **은지의 제안**

- '계획 확정 시점 정하기(제안: 프로젝트 시작 2주 후)'

- '확정 후에는 팀 전체가 동의해야만 변경 가능'

▶ **재표의 제안**

- '일정 재촉하기 전에 민형님 신호등 먼저 확인하기'

▶ **민형의 제안**

- '신호등 카드로 팀 컨디션 매일 알려주기'

- '팀원이 힘들어 보이면 즉시 이야기하기'

▶ **남우의 제안**

- '데이터 말할 때 '긍정-문제-질문' 순서로 하기'

- '비판이 아니라 리스크 공유임을 기억하기'

▶ **지연의 제안**

- '규제나 리스크 문제 발견하면 즉시 공유하기'

강팀장이 이 내용들을 보며 정리했다.

"좋아요. 이걸 정리해서 우리 팀의 첫 번째 그라운드 룰을 만들어 봅시다."

우리는 30분 동안 함께 논의하며 다듬었다.

상품개발팀 기본 그라운드 룰 v1.0

1. 역할 존중하기

- 각자의 역할이 다르다는 것을 인정한다
- '왜 저래?'가 아니라 '그 역할이라서 그렇구나'

2. 계획 변경 규칙

- 프로젝트 시작 2주까지: 아이디어 자유롭게 제안 가능
- 2주 후부터: 계획 변경은 팀 전체 동의 필요
- 새로운 아이디어는 다음 프로젝트 리스트에 기록

3. 속도 조절

- 재표님은 일정 제안 전에 민형님 신호등 카드 확인
- 민형님은 매일 팀 컨디션 신호등 카드로 알려주기

4. 소통 방식

- 남우님: 데이터 말할 때 '긍정-문제-질문' 순서

- 지연님: 리스크 발견 시 즉시 공유

- 모두: 역할에 맞는 방식으로 이야기하기

5. 갈등 대응

- 갈등은 자연스러운 것

- 발생하면 24시간 내에 대화로 풀기

- 안 풀리면 팀장님께 도움 요청

강팀장이 이 내용을 색지에 예쁘게 정리해서 회의실 벽에 붙였다.

"우리 팀의 첫 번째 약속입니다! 이걸 지키면서 일해봅시다. 그리고 필요하면 수정하거나 추가할 수 있어요."

준식이 말했다.

"좋아요! 이제 저도 언제 아이디어를 내야 할지 명확해진 것 같아요."

은지가 웃으며 말했다.

"저도 마음이 편해져요. 2주 후부터는 계획을 지킬 수 있을 것 같아요."

민형이 가방에서 빨강, 노랑, 초록 색지로 만든 신호등 카드를 꺼냈다.

"저는 오늘부터 신호등 카드를 좀 더 적극적으로 사용할게요!"

재표가 웃으며 말했다.

"좋아요! 민형님의 신호등 카드를 보면서 속도를 조절하겠습니다!"

나는 팀원들의 모습을 보며 뿌듯함을 느꼈다. 갈등을 회피하지 않고, 함께 해결했고, 그 경험을 바탕으로 팀만의 약속을 만들었다. 이것이 진짜 팀이 되어가는 과정이었다.

| 실무 가이드 |

그라운드 룰 수립 워크숍(2시간)

워크숍을 시작하기 전에

그라운드 룰은 팀원들이 함께 만들 때 비로소 '우리의 약속'이 됩니다. 리더가 일방적으로 정해서 공지하면 규칙이 되고, 팀원들이 함께 논의해서 합의하면 약속이 됩니다. 규칙은 지키라고 강요해야 하지만, 약속은 스스로 지키려 합니다.

그라운드 룰 수립 워크숍은 팀원 전원이 참여하여 '우리 팀은 이렇게 일하자'를 함께 정하는 시간입니다. 포스트잇, 마커펜, 화이트보드(또는 전지)를 준비하세요.

1부: 현재 상황 진단(30분)

먼저 우리 팀의 현재 모습을 솔직하게 들여다봅니다.

질문 1: '우리 팀에서 소통이 가장 어려운 순간은 언제인가요?'(15분)

각자 포스트잇에 1~2가지씩 적습니다. 예를 들어 '급하게 일정이 바뀔 때', '회의에서 반대 의견을 말해야 할 때', '다른 사람의 업무에 피드백을 줄 때' 등 구체적인 상황으로 적도록 안내합니다. 작성이 끝나면 화이트보드에 붙이고, 비슷한 내용끼리 그룹으로 묶습니다. 어떤 상황에서 어려움이 집중되는지 패턴을 함께 확인합니다.

질문 2: '왜 그런 어려움이 생길까요?'(15분)

앞서 도출된 어려운 상황들을 벨빈 팀역할 관점에서 분석합니다. '이 상황은 어떤 역할과 어떤 역할 사이에서 생기는 긴장인가요?' 예를 들어, 일정 변경 갈등은 창조자와 실행자의 관점 차이일 수 있고, 속도 vs 컨디션 갈등은 추진자와 분위기조성자의 우선순위 차이일 수 있습니다. 문제의 원인을 '사람'이 아닌 '역할 차이'로 재정의하는 것이 핵심입니다.

2부: 그라운드 룰 초안 작성(60분)

1부에서 파악한 어려운 상황들을 해결할 구체적인 약속을 만듭니다. 아래 네 가지 상황별로 팀에게 질문을 던지고, 논의 결과를 정리합니다.

▶ 상황 1: 회의를 시작할 때

- 회의 목적과 결정 사항을 어떻게 공유할까요?

- 누가 회의를 주도하면 좋을까요?

- 회의 시간은 어떻게 관리할까요?

▶ 상황 2: 새로운 아이디어를 제안할 때

- 아이디어는 어떤 방식으로 제안하면 좋을까요?

- 다른 팀원들은 어떻게 반응하면 좋을까요?

- 채택되지 않은 아이디어는 어떻게 관리할까요?

▶ 상황 3: 의견이 충돌할 때

- 즉시 해결할까요, 시간을 두고 정리할까요?

- 누가 중재 역할을 맡을까요?

- 최종 결정은 어떻게 내릴까요?

▶ 상황 4: 계획을 변경해야 할 때

- 언제까지는 변경이 자유롭고, 언제부터는 합의가 필요할까요?

- 변경 요청은 어떤 방식으로 공유할까요?

- 변경으로 인한 영향은 누가 검토할까요?

각 상황별로 팀이 합의한 내용을 한두 문장의 명확한 약속으로
정리합니다.

3부: 규칙 테스트 및 확정(30분)

시뮬레이션(15분)

2부에서 만든 약속이 실제로 작동하는지 테스트합니다. 1부에서
나왔던 어려운 상황 중 하나를 선택해 역할극을 해봅니다. 예를 들
어, '프로젝트 3주차에 새 기능 추가 아이디어가 나온 상황'을 재현
하고, 방금 만든 약속대로 대화해봅니다. 어색하거나 작동하지 않
는 부분이 있으면 수정합니다.

최종 확정(15분)

다듬어진 약속을 깔끔하게 정리하여 문서화합니다. 팀 전원이 동
의하는지 최종 확인하고, 회의실 벽이나 팀 공용 공간에 게시합니
다. 마지막으로 월 1회 점검 일정을 잡습니다. 그라운드 룰은 고정
된 것이 아니라, 팀의 성장에 따라 함께 진화하는 살아있는 약속입
니다.

Tip. 처음부터 완벽한 약속을 만들려고 하지 마세요. '일단 해보고, 안 맞으면 고치자'는 마음
으로 시작하는 것이 중요합니다. 버전 1.0이라는 이름을 붙여두면 수정에 대한 부담이
줄어듭니다.

PART 4

팀의 4단계 성장 과정

경영진 회의: 성공 사례 브리핑

7월 8일 화요일 오전 10시

대회의실. 박대표와 경영진이 모여 있었다.

ESG 자동 조절 펀드의 놀라운 성공 소식은 하모닉증권 전체에 퍼졌다. 박대표가 직접 상품개발팀과 나를 불렀다.

박대표가 말했다.

"강팀장님, 정말 축하합니다. 3개월 전과 완전히 다른 팀이에요. 비결이 뭡니까?"

강팀장이 나를 소개했다.

"저희에게는 채지영 HR 담당자님이 계셨습니다. 벨빈 팀역할 진 단을 통해 우리 팀이 완전히 달라졌습니다."

박대표가 나에게 흐뭇한 시선을 보냈다.

"지영님, 저와 여기 계신 임원분들에게 상품개발팀이 완전히 달라진 과정을 자세히 설명해주시겠어요?"

나는 심호흡을 하고 말을 시작했다.

"안녕하세요? HR팀 채지영입니다. 이 자리에 함께 하고 계신 상품개발팀의 팀원분들과 함께 지금부터 상품개발팀의 3개월 여정을 말씀드리겠습니다. 상품개발팀이 어떻게 위기를 벗어나 놀라운 성과를 만들어냈는지, 그 과정을 함께 보시죠."

형성기
Forming

시작

3개월 전, 팀의 시작

"우선 지금으로부터 3개월 전인 4월 14일로 돌아가보겠습니다."

나는 프레젠테이션 화면을 넘기며 설명을 이어갔다.

"당시 상품개발팀은 형성기Forming에 있었습니다. 형성기란 팀원들이 서로를 알아가기 시작하는 단계죠. 표면적으로는 예의 바르고 조심스럽지만, 내면적으로는 불확실성과 불안감이 가득한 시기입니다."

"첫 미팅에서 상품개발팀의 상태를 관찰했을 때, 전형적인 형성기 팀의 특징이 보였습니다."

▶ **형성기 팀의 특징**

- 서로의 역할이 불명확
- 조심스러운 태도
- 리더에 대한 의존
- 개인 능력에 집중
- 명확한 방향 부재

나는 잠시 멈췄다가 강팀장을 바라보며 말했다.

"강팀장님이 당시 제게 '팀원들이 각자 자기 일만 하고, 협력이 안 돼요. 회의를 해도 겉도는 느낌이고요.'라고 말씀하셨습니다."

강팀장이 고개를 끄덕이며 수긍했다.

나는 계속 설명했다.

"준식님은 아이디어를 내지만 확신이 없었고, 남우님은 데이터를 분석하지만 소통이 부족했습니다. 재표님은 빠르게 일하지만 혼자 뛰었고, 은지님은 계획을 세우지만 유연성이 없었습니다. 민형님은 분위기를 살피지만 의견을 말하지 못했고, 지연님은 전문성이 있지만 고립되어 있었습니다."

"각자는 능력이 있었지만, '팀'은 아니었습니다."

형성기의 과제: 역할 발견

"형성기 팀의 가장 중요한 과제는 '역할 발견'입니다. 각자가 팀에서 어떤 역할을 하는지 명확히 아는 것이죠. 그래서 저는 상품개발팀과 함께 다음과 같은 일을 진행했습니다."

▶ **벨빈 진단 실시**

- 각자의 선호역할 발견
- 관리가능역할(잠재역할) 확인
- 역할 프로필 작성

▶ **역할 이해 교육**

- 9가지 역할의 의미 학습
- 각 역할의 강점과 약점 이해
- 팀 내 역할 분포 파악

▶ **자기 역할 수용**

- '나는 이런 사람이구나' 인식
- 역할에 대한 긍정적 태도
- 타인의 역할 존중

나는 잠시 멈추고 준식을 바라보았다.

"준식님, 당시 어떤 느낌이셨는지 말씀해주시겠어요?"

준식이 일어서서 말했다.

"벨빈 진단을 했을 때, 저는 창조자였어요. 아이디어를 내는 게 제 역할이라는 걸 알았을 때, 정말 안도했어요. '아, 내가 이상한 게 아니구나' 싶었죠."

남우도 거들었다.

"저는 냉철판단자였어요. 데이터로 분석하는 게 제 역할이라는 걸 알고 나니, 제가 부정적인 사람이 아니라는 걸 알게 됐어요."

경영진들이 고개를 끄덕였다.

형성기에서 격동기로

나는 화면을 넘기며 설명을 이어갔다.

"형성기는 평화로워 보이지만, 실제로는 표면적 평화일 뿐입니다. 진짜 팀이 되려면 다음 단계로 넘어가야 하죠. 저는 팀에게 경고했습니다."

"여러분, 앞으로 갈등이 생길 거예요. 그건 나쁜 게 아니에요. 팀이 다음 단계로 성장한다는 신호예요."

강팀장이 웃으며 말했다.

"그때 정말 불안했어요. '갈등이요? 그럼 팀이 깨지는 거 아닌가요?'라고 물었죠."

나는 고개를 저었다.

"사실 그렇게 생각하기 쉽지만, 오히려 갈등을 겪지 않으면 진짜 팀이 될 수 없습니다. 형성기의 표면적 평화를 깨고, 진짜 협력을 배우는 단계가 바로 격동기입니다."

▶ **형성기 요약**

- 기간: 프로젝트 시작 ~ 약 2주

- 특징: 조심스러움, 불명확성, 의존

- 과제: 역할 발견

- 성과: 각자의 역할 인식

- 다음 단계: 격동기로의 전환 준비

| 실무 가이드 |

형성기 단계에서의 팀 조직개발

형성기에서 리더의 역할: 방향을 세팅하는 사람

형성기는 팀이 막 시작되거나 새롭게 재편된 시기입니다. 팀원들은 서로를 탐색하고, 자신의 위치를 파악하려 합니다. 표면적으로는 예의 바르고 조심스럽지만, 내면에는 '나는 여기서 어떤 역할을 해야 하지?', 우리 팀은 어디로 가는 거지?'라는 불확실성이 가득합니다.

이 단계에서 리더의 핵심 역할은 방향과 기준을 명확히 세팅하는 것입니다. 팀원들이 안심하고 자신의 역할을 찾아갈 수 있도록 기반을 만들어주어야 합니다.

형성기 체크리스트

아래 질문들을 통해 현재 팀의 형성기 과제가 잘 수행되고 있는지 점검해보세요.

▶ 방향 설정

- 우리 팀의 목적과 올해 핵심 목표를 한 문장으로 설명했는가?
- 구성원에게 각자의 역할, 기대, 우선순위를 명확히 전달했는가?

▶ 심리적 안전감 조성

- '궁금한 건 언제든 물어도 된다'는 메시지를 명확히 전달했는가?
- '실수해도 비난받지 않는다'는 분위기를 만들었는가?

▶ 기본 규칙 합의

- 첫 회의에서 팀의 기본 규칙(커뮤니케이션 방식, 회의 운영, 보고 체계)을

함께 정했는가?

- 규칙을 리더가 일방적으로 정하지 않고, 팀원들과 합의했는가?

▶ **구성원 파악**

- 각 구성원의 강점, 약점, 성향을 파악하는 대화를 나눴는가?

- 벨빈 진단 등을 통해 각자의 팀역할을 확인했는가?

형성기 핵심 실행 포인트

1. 명확성 확보하기

하모닉증권 상품개발팀의 강민준 팀장은 초기에 '팀원들이 각자 자기 일만 하고, 협력이 안 된다'고 고민했습니다. 이는 팀의 목표와 각자의 역할이 명확하지 않았기 때문입니다. 형성기에는 '우리 팀은 무엇을 위해 존재하는가?', '각자가 어떤 기여를 해야 하는가?'를 반복해서 명확히 해야 합니다.

2. 안전감 만들기

형성기 팀원들은 자신의 의견을 드러내기 주저합니다. '이런 말 해도 될까?', '바보처럼 보이면 어떡하지?'라는 걱정 때문입니다. 리더가 먼저 '모르는 건 물어봐도 된다', '다른 의견도 환영한다'는 메시지를 명확히 전달하고, 실제로 그렇게 반응해야 합니다.

상품개발팀이 처음 만든 그라운드 룰 v1.0은 완벽하지 않았지만, '우리가 함께 정했다'는 사실 자체가 중요했습니다. 리더가 일방적으로 정한 규칙은 '지시'가 되지만, 함께 정한 규칙은 '약속'이 됩니다.

▶ **형성기에서 흔히 하는 실수**

- '팀원들이 알아서 적응하겠지'라고 방치하는 것

- 명확한 방향 없이 '일단 해보자'로 시작하는 것

- 리더 혼자 모든 규칙을 정해서 공지하는 것

- 팀원 개개인의 특성을 파악하지 않고 업무만 배분하는 것

다음 단계로의 전환 신호

형성기가 잘 진행되면, 팀원들은 점차 자신의 의견을 표현하기 시작합니다. 그리고 서로 다른 의견이 부딪히기 시작합니다. 이것은 문제가 아니라 격동기로 넘어가는 건강한 신호입니다. 갈등이 나타나면 '팀이 무너지는 건가?'라고 걱정하지 마세요. 진짜 팀이 되기 위한 필수 과정입니다.

격동기
Storming

충돌

역할 충돌의 시작

"프로젝트 시작 첫 주인 5월 중순, 기어이 예상했던 일이 벌어졌습니다."

나는 화면에 '격동기'라는 제목을 띄웠다.

"격동기란, 팀원들이 자신의 역할을 주장하면서 충돌하는 단계입니다. 형성기의 예의바른 태도는 사라지고, 진짜 생각과 감정이 드러나죠."

첫 번째 충돌: 창조자 vs 냉철판단자

나는 준식과 남우를 번갈아 보며 말했다.

"당시 준식님이 'AI 기반 자동 매매 펀드를 만들면 어떨까요?'라고 새로운 아이디어를 제안했습니다."

준식이 고개를 끄덕였다. 나는 계속 설명을 이어갔다.

"그러자 남우님이 즉시 데이터를 제시했죠. '유사 상품의 수익률이 기대에 못 미치고, 리스크가 높기 때문에 AI기반 자동매매 펀드 개발은 어렵습니다.'"

남우가 머쓱하게 웃었다.

"그때 준식님의 얼굴이 굳어지면서 '남우님은 항상 안 된다고만 하시네요. 그럼 뭘 하자는 건가요?'라고 말했습니다."

"당연히 남우님도 기분이 상하면서 '저는 객관적인 데이터를 말씀드린 것뿐입니다. 왜 감정적으로 받아들이시나요?'라고 대꾸했었습니다."

"지금은 준식님과 남우님이 당시를 떠올리면서 웃고 계시지만, 당시 분위기는 찬바람이 불정도로 차가웠습니다."

두 번째 충돌: 추진자 vs 분위기조성자

나는 재표와 민형을 바라보았다.

"어느 날 재표님이 회의에서 강한 어조로 '이번 주까지 프로토타입을 완성해야 합니다. 모두 야근 가능하시죠?'라고 말했습니다."

"그러자 민형님이 조심스럽게 말했죠. '재표님, 팀원들이 지난주에 많이 힘들어했어요. 이번 주는 좀 여유있게 가면 안 될까요?'"

재표가 고개를 끄덕이며 말했다.

"그때 저는 짜증을 내면서 '민형님, 경쟁사가 먼저 출시하면 어떡하려고요? 지금은 달려야 할 때예요!'라고 말했었습니다."

민형이 차분하게 말했다.

"저는 재표님의 재촉에 위축될 수 밖에 없었고, 마지못해 재표님에게 '죄송해요… 제가 팀 분위기만 생각했네요.'라고 말할 수 밖에 없었습니다."

세 번째 충돌: 실행자 vs 창조자

나는 은지와 준식을 바라보았다.

"은지님이 프로젝트 계획서를 공유하면서 '이번 프로젝트는 이 계획대로 진행합니다. 6주 일정입니다'라고 말했습니다."

"그러자 준식님이 손을 들었죠. '은지님, 중간에 좋은 아이디어가 떠오르면 추가할 수 있나요?'"

"은지님이 단호하게 '안 됩니다. 계획 확정 후에는 변경 불가입니다.' 라고 잘라 말했습니다. "

"준식님이 '그럼 더 좋은 제품을 만들 기회를 놓치는 거잖아요?' 라면서 답답해했죠."

"그러자 은지님은 더 목소리를 높이면서 '그렇게 계속 바꾸면 프로젝트가 영원히 끝나지 않아요!'라고 말했습니다."

격동기의 특징과 필요성

나는 경영진을 향해 설명했다.

"이런 상황에서 저는 팀 미팅을 긴급히 소집했습니다. 그리고 당시 상품개발팀의 상황들을 설명하면서 '여러분, 지금 겪고 있는 게 바로 격동기예요.'라고 설명했습니다."

▶ **격동기 팀의 특징**

- 역할 간 충돌 발생
- 감정적 반응 증가
- 의견 대립 표면화

- 팀 분위기 악화

- 리더에 대한 도전

“'격동기'라고 하면, 조금 불안정한 느낌이잖아요. 그래서 강팀장님이 불안해하며 제게 물었습니다. '지금 우리팀이 정상인가요?'”

“저는 분명히 말했죠. '네, 완전히 정상입니다. 오히려 필요한 과정이에요.'”

▶ **격동기가 필요한 이유**

- 진짜 의견 표출: 형성기의 가짜 평화 깨기

- 역할 이해 심화: 충돌을 통해 서로의 역할 진짜 이해

- 신뢰 구축: 갈등을 견디고 해결하면서 진짜 신뢰 형성

- 팀 그라운드 룰 필요성 인식: 규칙이 필요하다는 것을 깨달음

- 성장의 기회: 갈등 관리 능력 개발

격동기의 과제: 역할 이해와 갈등 관리

“저는 팀에게 격동기를 극복하는 방법을 알려주었습니다. 그리고 실전 연습을 통해 갈등을 풀어내는 방법을 익히도록 했습니다.”

격동기 극복 전략

1. 역할 충돌 재해석

- "저 사람이 나빠서"가 아니라
- "역할이 달라서" 로 이해

2. 건강한 갈등 다루기

- 회피하지 않기
- 감정이 아닌 이슈에 집중
- 해결책 함께 찾기

3. 역할별 커뮤니케이션

- 창조자에게: "더 구체적으로 설명해주시겠어요?"
- 냉철판단자에게: "장단점을 분석해주시겠어요?"
- 추진자에게: "일정 제안해주시겠어요?"
- 실행자에게: "실행 계획 만들어주시겠어요?"

4. 갈등 관리 프로세스

- 1단계: 감정 인정("화가 나셨군요")
- 2단계: 역할 확인("창조자와 실행자의 관점 차이네요")
- 3단계: 팀 목표 상기("우리 목표는 좋은 제품 만들기죠")

- 4단계: 타협안 찾기("어떻게 하면 둘 다 만족할까요?")

실전 연습: 갈등 관리

"당시에 저는 준식님과 남우님을 앞으로 불렀습니다. '두 분의 갈등을 다시 풀어봅시다. 이번에는 역할을 이해하면서요.' 먼저 준식님이 '남우님, 제가 감정적으로 대응해서 죄송해요. 남우님은 냉철 판단자로서 리스크를 알려주신 거였죠. 제 아이디어를 공격한 게 아니라.'라고 말했습니다. 그러자 남우님도 '준식님, 저도 너무 차갑게 말해서 미안해요. 앞으로는 '이 아이디어는 혁신적입니다. 다만 이런 리스크가 있으니 함께 해결책을 찾아봐요'라고 말할게요.'라고 말하면서 자연스럽게 화해할 수 있었죠."

박대표와 임원들의 시선을 느낀 준식과 남우가 머쓱한 미소를 짓고 있었다.

"재표님와 민형님도 비슷하게 화해하고, 은지님와 준식님도 서로의 역할을 이해하면서 타협점을 찾을 수 있었습니다. 당시 은지님은 2주차까지는 아이디어 환영, 3주차부터는 계획 동결'이라는 규칙을 제안했고, 준식님은 기꺼이 동의했었습니다.

격동기의 성과

"격동기를 거치면서 팀은 변화했습니다."

▶ 격동기 전

- 표면적 평화
- 진짜 의견 숨김
- 얕은 관계
- 형식적 협력

▶ 격동기 후

- 솔직한 소통
- 진짜 의견 표현
- 깊은 이해
- 진정한 협력 시작

강팀장이 당시의 상황들을 떠올리면서 감격하며 말했다.

"그때 정말 놀라웠어요. '이제야 우리가 팀 같아요. 처음엔 팀이 깨지는 것이 아닐까란 두려움도 있었지만, 갈등을 겪고 나니 오히려 더 가까워진 것 같아요'라고 지영님께 감사의 인사를 드렸었죠."

"갈등을 피하면 영원히 형성기에 머물고, 갈등을 건강하게 다루면 다음 단계로 갈 수 있습니다.'"

- 기간: 역할 발견 후 2~4주

- 특징: 충돌, 갈등, 감정 표출

- 과제: 역할 이해, 갈등 관리

- 성과: 진짜 소통, 깊은 이해

- 다음 단계: 규범기로의 전환

| 실무 가이드 |

격동기 단계에서의 팀 조직개발

격동기에서 리더의 역할: 불편함을 다루는 사람

격동기는 형성기의 표면적 평화가 깨지고, 팀원들의 진짜 생각과 감정이 드러나는 시기입니다. 서로 다른 관점이 충돌하고, 때로는 감정적인 대립도 발생합니다. 많은 리더들이 이 시기를 두려워하며 갈등을 피하려 하지만, 그것은 오히려 팀의 성장을 막습니다.

이 단계에서 리더의 핵심 역할은 불편함을 회피하지 않고 정면으로 다루는 것입니다. 갈등을 테이블 위에 올리고, 건강하게 해결하는 경험을 통해 팀은 신짜 신뢰를 쌓게 됩니다.

격동기 체크리스트

아래 질문들을 통해 격동기를 건강하게 통과하고 있는지 점검해 보세요.

▶ **갈등 직면하기**

- 갈등을 피하지 않고, 현재 존재하는 갈등을 테이블 위에 올렸는가?
- 팀원들이 불만을 말할 수 있는 안전한 대화 자리를 직접 만들었는가?

▶ **문제 재정의하기**

- 문제를 '사람' 탓이 아니라 '역할'이나 '프로세스'의 문제로 재정의했는가?
- "저 사람이 문제야"가 아니라 "우리 방식에 문제가 있어"로 관점을 전환했는가?

▶ **의사결정 방식 합의하기**

- 의견이 부딪힐 때 어떻게 결정할지 공통 규칙Common Rule을 합의했는가?
- 누가 최종 결정권을 갖는지 명확히 했는가?

▶ **재정렬하기**

- 역할, 업무, 우선순위를 다시 정렬Realign했는가?
- 초기에 정한 것들 중 수정이 필요한 부분을 조정했는가?

격동기 핵심 실행 포인트

1. 갈등을 역할 차이로 재해석하기

하모닉증권 상품개발팀에서 황준식(창조자)과 이은지(실행자)가 충돌했을 때, 핵심은 '준식이 이상해서'도 '은지가 고집스러워서'도 아니었습니다. 창조자는 더 좋은 것을 만들고 싶고, 실행자는 계획대로 안정적으로 완수하고 싶은 것입니다. 이 관점 전환이 갈등 관리의 시작입니다.

2. 용기 있는 대화 촉진하기

리더는 "왜 그렇게 생각하세요?", "어떤 점이 불편하셨어요?"라고 물으며 팀원들이 진짜 생각을 말하도록 이끌어야 합니다. 상품개발팀의 강민준 팀장도 준식과 은지 사이를 중재할 때, 양쪽의 이야기를 충분히 들은 후 팀 목표로 돌아가 타협점을 찾았습니다.

3. 갈등 관리 프로세스 적용하기

갈등이 발생하면 다음 순서를 따라보세요.

1. 감정 인정하기: "화가 나셨군요", "답답하셨겠어요"

2. 역할 확인하기: "이건 창조자와 실행자의 관점 차이네요"

3. 팀 목표 상기하기: "우리의 목표는 좋은 제품을 제때 출시하는 거죠"

4. 타협안 찾기: "어떻게 하면 둘 다 만족할 수 있을까요?"

- 갈등이 불편해서 모른 척하거나 덮어두는 것

- 리더가 일방적으로 한쪽 편을 드는 것

- 갈등을 개인의 성격 문제로 치부하는 것

- '다들 어른이니까 알아서 해결하겠지'라고 방치하는 것

다음 단계로의 전환 신호

격동기를 건강하게 통과하면, 팀원들은 '갈등이 생겨도 우리는 해결할 수 있다'는 자신감을 갖게 됩니다. 그리고 '우리만의 방식이 필요하다'는 것을 체감하며 규칙과 규범을 만들려는 움직임이 나타납니다. 이것이 규범기로 넘어가는 신호입니다.

규범기
Norming

합의

그라운드 룰 업그레이드

"5월 25일, 첫 번째 그라운드 룰 v1.0을 만든 지 한 달 동안 상품개발팀의 팀원들은 기본 약속을 잘 지키며 일했고, 그 과정에서 더 필요한 것들을 발견했습니다. 규범기[Norming]의 본격적인 시작이었죠."

"규범기란 팀이 함께 일하는 방식을 체계화하는 단계입니다. 격동기의 갈등을 경험하고, 기본 약속을 실천하면서, 무엇이 더 필요한지 명확히 알게 되는 것이죠."

나는 당시 팀 미팅 장면을 떠웠다.

"저는 상품개발팀에게 지난 한 달간 v1.0 그라운드 룰을 잘 지켜준 점에 대해 감사의 말씀을 드린 뒤에 한 달 동안의 경험을 바탕으로 더 체계적인 v2.0으로 업그레이드해 볼 것을 제안했습니다. 그 과정을 간략히 소개해 드리겠습니다."

그라운드 룰 v1.0의 경험 공유

"강팀장님의 주도로 그라운드 룰 v1.0의 경험을 회고했는데, 강팀장님이 먼저 '그라운드 룰 v1.0은 정말 도움이 됐어요. 특히 '2주 후 계획 확정' 규칙 덕분에 준식님과 은지님의 갈등이 거의 사라졌어요.'라고 말하면서 자연스럽게 회고가 시작되었습니다."

"그러자 은지님이 '네, 저도 마음이 정말 편해졌어요. 하지만 한 가지 추가하고 싶은 게 있어요. 회의 운영 방식이요. 회의가 때때로 너무 길어져서…'라고 말했고, 재표님이 '맞아요. 그리고 의사결정 방식도 좀 더 명확히 하면 좋을 것 같아요. 누가 최종 결정을 하는지가 애매할 때가 있었어요.'라고 경험을 공유해 주었습니다."

"그리고 '작은 성공도 축하하면 좋겠어요. 요즘 너무 일만 하는 것 같아서'라고 민형님이 의견을 제시했습니다"

"저는 이렇게 정리했습니다."

▶ **그라운드 룰 v1.0 사용 후 피드백**

- 잘 작동하는 것: 역할 존중, 계획 확정 시점, 신호등 카드, 소통 방식
- 추가적으로 필요한 것: 회의 운영 방식, 의사결정 프로세스, 성과 축하

"저는 의견을 정리한 이후 상품개발팀에게 '이번에는 그라운드 룰을 더 체계적으로 만들어봅시다. 각자 추가하고 싶은 내용을 제안해주세요.'라고 그라운드 룰 v2.0을 만들 것을 제안했습니다"

그라운드 룰 v2.0 만들기

"팀원들이 다시 포스트잇에 제안을 적었습니다."

▶ **회의 운영(은지, 재표)**

- 주간 체크인 미팅(월요일 9시, 30분)
- 일일 스탠드업(매일 9시, 5분)
- 회의 시간 엄수

▶ **의사결정(강팀장, 남우)**

- 역할별로 의견 청취
- 지휘조절자가 최종 결정
- 결정 후 전원 지지

▶ **성과 축하(민형, 준식)**

- 작은 성공도 축하

- 매주 금요일 칭찬 시간

- 프로젝트 완료 시 축하 행사

"대략 1시간 동안 함께 논의하며 그라운드 룰 v2.0을 완성할 수 있었습니다."

나는 화면에 완성된 그라운드 룰을 띄웠다.

상품개발팀 그라운드 룰 v2.0

I. 역할 존중 (v1.0 유지)

- 각자의 역할을 존중한다

- 역할 차이를 이해하고 인정한다

- '왜 저래?'가 아니라 '그 역할이라서 그렇구나'

II. 프로젝트 진행 (v1.0 유지)

- Week 1~2: 아이디어 자유 제안

- Week 2 금요일: 계획 확정

- Week 3 이후: 변경 시 팀 합의 필요

• 좋은 아이디어는 다음 프로젝트 리스트에 기록

III. 회의 운영(신규)

▶ **주간 체크인(월요일 9시, 30분)**

• 추진자: 일정 리뷰

• 분위기조성자: 팀 컨디션

• 각 역할별 주간 업데이트

▶ **일일 스탠드업(매일 9시, 5분)**

• 각자 1분: 어제 한 일 / 오늘 할 일 / 이슈

• 서서 진행(길어지지 않도록)

IV. 성과와 축하(신규)

• 작은 성공도 즉시 축하

• 매주 금요일 오후 3시: 주간 칭찬 시간

• 프로젝트 완료 시: 팀 저녁 식사

• 실패는 배움의 기회로, 비난 없이

"상품개발팀에 가시면, 강팀장님이 예쁘게 출력해서 회의실 벽에 붙여둔 그라운드 룰 v2.0을 보실 수 있습니다."

규범기의 의미

"규범기는 팀이 '우리다움'을 만드는 단계입니다. '상품개발팀은 상품개발팀만의 일하는 방식'을 갖게 된 것입니다."

▶ **규범기 팀의 특징**

· 명확한 협력 방식

· 역할 기반 규칙

· 팀 정체성 형성

· 상호 신뢰 증가

· 예측 가능한 일하기

그라운드 룰의 실천

"강팀장님이 그라운드 룰 v2.0을 상품개발팀에 붙인 이후부터 그라운드 룰 v2.0은 작동하기 시작했습니다. 월요일 오전 9시에 진행된 주간 체크인 회의에서 재표님은 '지난주 마일스톤 100% 달성.

이번 주 목표는 프로토타입 완성입니다.'라고 알렸고, 민형님은 '팀 컨디션 초록색! 모두 준비 완료!'라고 전체에게 공지를 하는 것을 비롯해서 각자 역할별 업데이트를 나누고, 30분 만에 끝났습니다."

"매일 오전 9시에 진행되는 일일 스탠드업 미팅도 실제 서서 5분 동안 진행하다보니 각자가 짧게 본인의 업무 상황들을 공유하면서 회의를 정시에 마치면서 회의에 대한 피로도가 높지 않았고, 특히 금요일 오후 3시에 진행되는 주간 칭찬 시간에는 민형님이 준비한 작은 케이크와 함께, 각자가 이번 주 잘한 동료를 칭찬하면서 팀의 에너지가 올라가는 모습은 무척 인상적이었습니다."

규범기의 성과

"상품개발팀이 규범기에 진입한 2주 후, 변화가 명확히 보였습니다."

▶ **규범기 전**

- 예측 불가능한 협력
- 매번 새로 협상
- 불안정한 프로세스

▶ **규범기 후**

- 예측 가능한 협력

- 합의된 방식 준수

- 안정적인 프로세스

- 팀 정체성 형성

강팀장이 말했다.

"당시 우리 팀은 정말 잘 돌아갔습니다. 각자가 자기 역할을 알고, 규칙을 따르니까 효율이 엄청나게 올랐습니다."

나는 경영진을 바라보며 요약했다.

"규범기는 팀이 '우리다움'을 만드는 단계입니다. 상품개발팀은 상품개발팀만의 방식'을 만들었고, 팀 문화를 구축했습니다"

▶ **규범기 요약**

- 기간: 격동기 이후 3~4주

- 특징: 규칙 수립, 안정화, 협력 증가

- 과제: 그라운드 룰 만들기 및 업그레이드

- 성과: 예측 가능한 협력, 팀 정체성

- 다음 단계: 성과기로의 도약

"규범기를 거치면서 상품개발팀은 진정한 '하나'가 되었습니다."

규범기 단계에서의 팀 조직개발

규범기에서 리더의 역할: 일하는 방식을 고도화하는 사람

규범기는 격동기의 갈등을 경험한 팀이 "우리는 이렇게 일하자"라는 합의를 만들어가는 시기입니다. 기본적인 약속을 넘어 더 체계적인 협업 구조가 형성되고, 팀만의 정체성이 만들어집니다.

이 단계에서 리더의 핵심 역할은 일하는 방식을 체계화하고 고도화하는 것입니다. 매번 새로 협상하지 않아도 되는, 예측 가능한 협업 시스템을 구축해야 합니다.

규범기 체크리스트

아래 질문들을 통해 규범기 과제가 잘 수행되고 있는지 점검해보세요.

▶ **협업 규칙 체계화**

- 팀의 협업 규칙(회의, 보고, 연락 등)을 명확히 정하고, 팀원 모두가 같은 기준으로 일하고 있는가?
- 반복적으로 발생하는 문제를 예방하기 위한 기본 원칙을 만들었는가?

▶ **책임 구조 명확화**

- 업무별로 책임 구조(책임자, 실행자, 지원자)를 명확히 정리했는가?

- '이건 누구 일이지?'라는 혼란이 사라졌는가?

▶ **자율성 부여**

- 구성원에게 일정 범위의 자율권을 주고 있는가?

- 모든 것을 리더에게 확인받아야 하는 구조에서 벗어났는가?

▶ **강점 기반 협업**

- 팀원의 강점과 역할을 연결해 효율적으로 협업하도록 했는가?

- 누가 어떤 일에 적합한지^{Who fits what}를 팀 전체가 알고 있는가?

규범기 핵심 실행 포인트

1. 그라운드 룰 업그레이드하기

하모닉증권 상품개발팀은 그라운드 룰 v1.0을 한 달간 실천하면서 '회의 운영 방식', '의사결정 프로세스', '성과 축하' 등 추가로 필요한 것들을 발견했습니다. 이 경험을 바탕으로 v2.0으로 업그레이드했습니다. 규범은 한 번 만들고 끝나는 것이 아니라, 경험을 통해 계속 발전시켜야 합니다.

2. 회의 체계 구축하기

상품개발팀이 도입한 주간 체크인 미팅(월요일 30분)과 일일 스탠드업(매일 5분)은 규범기의 대표적인 산물입니다. 정해진 시간에, 정해진 방식으로, 정해진 내용을 공유하니 별도의 조율 없이도 정보가 흐르게 됩니다.

3. 역할 기반 의사결정 프로세스 정립하기

'각 역할의 의견을 순서대로 청취하고, 지휘조절자가 최종 결정하며, 결정 후에는 전원이 지지한다'는 상품개발팀의 의사결정 규칙은 명확합니다. 누가 언제 어떻게 결정하는지 모두가 알기 때문에, 결정에 대한 불만이나 혼란이 줄어듭니다.

▶ **규범기에서 흔히 하는 실수**

- 규칙을 너무 많이, 너무 세세하게 만들어 유연성을 잃는 것
- 규칙을 만들어놓고 지키지 않는 것
- 리더가 혼자 규칙을 정하고, 팀원들의 동의를 구하지 않는 것
- 한 번 정한 규칙을 상황이 바뀌어도 수정하지 않는 것

다음 단계로의 전환 신호

규범기가 잘 진행되면, 팀원들은 리더의 지시 없이도 자율적으로 움직이기 시작합니다. '이건 이렇게 하면 되지'라며 스스로 판단하

고 실행합니다. 협업이 자연스러워지고, 팀 전체의 효율이 눈에 띄게 올라갑니다. 이것이 성과기로 진입하는 신호입니다.

성과기
Performing

시너지

완성된 팀의 모습

"마침내 6월 10일, ESG 자동 조절 펀드 프로젝트 6주차에 접어들었습니다. 출시를 1주일 앞둔 시점이었습니다."

나는 화면에 당시 회의 장면을 띄웠다.

"그날 회의실에서 팀을 관찰했을 때, 놀라운 광경을 목격했습니다."

"준식님이 아이디어를 제안하자, 남우님이 자연스럽게 데이터를 제시했습니다. 은지님이 실행 계획을 말하자, 재표님이 일정을 제안했습니다. 민형님이 초록색 신호등 카드를 보여주자, 모두가 안심했습니다. 지연님이 리스크를 지적하자, 팀 전체가 해결책을 찾기 시작했습니다. 강팀장님은 조용히 조율하며 의사결정을 이끌었습니다.”

“마치 오케스트라 같았습니다. 각자의 악기가 완벽한 타이밍에 연주되고, 아름다운 하모니를 만들어냈습니다.”

“이것이 바로 성과기Performing입니다.”

성과기 팀의 5가지 특징

나는 경영진을 바라보며 설명했다.

“성과기에 도달한 팀은 5가지 특별한 특징을 보입니다. 상품개발 팀 팀원분들이 당시 상황에 대해 설명을 해 주셨으면 합니다.”

성과기 팀의 5가지 특징

1. 완벽한 역할 이해

- 각자의 역할을 완전히 이해
- 타인의 역할도 존중
- 자연스러운 협력

나는 준식을 바라보았다.

“준식님, 당시 어떤 느낌이셨나요?”

준식이 환한 미소와 함께 말했다.

"이제 남우님이 데이터를 보여주실 때, 저는 '비판'이 아니라 '도움'으로 받아들여요. 그리고 오히려 기대해요. 남우님의 분석이 제 아이디어를 더 안전하게 만들어주니까요."

2. 건강한 갈등 관리

- 갈등을 회피하지 않음

- 역할 차이로 이해

- 빠른 해결

은지도 말했다.

"준식님이 변경을 요청하실 때, 저는 이제 화내지 않아요. '준식님은 창조자니까 당연하지'라고 생각하고, 규칙에 따라 대응해요. 그리고 준식님도 제 입장을 이해해주세요."

3. 자율적 실행

- 리더가 지시하지 않아도

- 각자 알아서 역할 수행

- 능동적이고 주도적

강팀장이 웃으며 말했다.

"저는 이제 거의 아무것도 안 하는 것 같습니다. 팀원들이 알아서 다 하니까요. 그래서 저는 조율하고 결정하는 제 역할에 집중할 수 있게 되었습니다."

4. 지속적 학습

- 정기적 회고
- 실수에서 배움
- 지속적 개선

재표가 말했다.

"우리는 매주 회고를 합니다. 잘한 것, 개선할 것, 다음에 시도할 것. 그래서 계속 나아집니다. 예전에는 잘 안된 것은 숨기거나 외면한 적도 꽤 있었는데, 이제는 실패에서도 배움을 찾고, 이런 회고 과정을 통해 모두가 성장하고 있다는 것을 체감하고 있습니다."

5. 높은 성과

- 빠르면서도 안전
- 혁신적이면서도 실용적
- 지속 가능한 결과

남우가 데이터에 근거해서 말했다.

"우리 팀의 프로젝트 성공률이 100%입니다. 그리고 평균 개발 기간이 40% 정도 단축되었는데, 품질은 오히려 올라갔습니다."

성과기의 일상

상품개발팀 팀원들의 말이 끝나고, 나는 화면에 일일 스탠드업 회의 장면을 띄웠다.

"제가 성과기에 진입한 상품개발팀의 하루를 보여드리겠습니다."

오전 9시 - 일일 스탠드업(5분)

- 강팀장: "오늘 스탠드업 시작하겠습니다."

- 준식: "어제 화면 디자인 완료. 오늘 최종 검토. 이슈 없음."

- 남우: "어제 수익률 시뮬레이션 완료. 오늘 리포트 작성. 이슈 없음."

- 재표: "어제 마케팅 자료 준비. 오늘 영업팀 교육. 이슈 없음."

- 은지: "어제 기능 테스트 80% 완료. 오늘 나머지 20%. 이슈 1건 - 데이터

   연동 속도."

- 지연: "어제 리스크 분석 완료. 오늘 최종 검토. 이슈 없음."

- 민형: "팀 컨디션 초록색. 모두 준비 완료."

- 강팀장: "은지님, 데이터 연동 속도 이슈는?"

- 은지: "남우님과 오후에 논의 예정입니다."

- 강팀장: "좋습니다. 오늘도 모두 수고하세요."

"이렇게 일일 스탠드 업 회의는 5분 만에 끝났습니다. 간결하고, 명확하고, 효율적이죠."

오전 10시 - 자율적 업무

"각자가 자기 역할을 수행했습니다. 누가 시키지 않아도, 각자 알아서 움직였죠."

"준식님은 UX를 다듬었고, 남우님은 데이터를 분석했습니다. 재표님은 마케팅을 준비했고, 은지님은 테스트를 진행했습니다. 민형님은 팀원들을 살폈고, 지연님은 리스크를 검토했습니다."

오후 2시 - 즉각적 협력

"은지님이 데이터 연동 속도 이슈를 발견했을 때의 장면입니다."

- 은지: "남우님, 잠깐 봐주실 수 있어요?"

- 남우: "네, 가겠습니다."

"두 사람이 30분 동안 함께 문제를 해결했습니다. 보고도 회의도 없었습니다. 그냥 자연스러운 협력이었죠."

오후 5시 - 작은 성공 축하

- 재표: "여러분, 영업팀 교육이 성공적으로 끝났어요! 반응이 정말 좋았어요!"
- 민형: "축하해요, 재표님! 우리 모두 15분만 쉬면서 축하해요! 제가 케이크를 준비했어요."

"상품개발팀은 작은 성공도 함께 축하했습니다. 이것이 팀의 에너지를 유지하는 비결이었습니다."

위기 대응: 성과기 팀의 진가

"그런데 6월 20일, 상품 출시 4일 전에 갑자기 중대한 문제가 발생했습니다."

나는 잠시 멈추고 약간의 긴장감을 조성하면서 당시 상황을 화면에 띄웠다.

- 은지: "여러분, 큰 문제가 생겼어요. 시스템 보안 취약점이 발견됐어요. 최소

3일은 걸려요."

"출시 일정이 밀릴 수도 있는 돌발 상황이 발생했습니다. 그런데 놀랍게도 상품개발팀은 당황하지 않았습니다."

"상품개발팀은 10분간의 논의를 진행했습니다. 각 역할이 자신의 관점에서 의견을 제시했습니다."

창조자(준식):

"보안 문제를 해결하는 동시에 출시하는 방법이 있을까요? 예를 들어, 일부 기능만 먼저 출시하고?"

냉철판단자(남우):

"데이터를 분석해보니, 핵심 기능은 안전해요. 문제는 부가 기능이에요. 핵심만 먼저 출시 가능합니다."

전문가(지연):

"리스크 관점에서, 부가 기능 없이 출시해도 투자자 보호에는 문제없어요."

실행자(은지):

"핵심 기능만으로 1일 내 출시 가능해요. 부가 기능은 2주 후 업데이트로."

추진자(재표):

"그럼 예정대로 월요일 출시 가능하고, 오히려 '빠른 업데이트'를 마케팅 포인트로 활용할 수 있어요."

분위기조성자(민형):

"팀 컨디션은 괜찮아요. 주말 작업 없이도 가능해요."

지휘조절자(강팀장):

"좋습니다. 핵심 기능만 먼저 출시, 부가 기능은 2주 후. 결정합니다!"

"놀랍게도 상품개발팀은 10분 만에 위기를 기회로 바꿨습니다. 각 역할이 완벽하게 협력한 결과였죠."

CFO가 감탄하며 말했다.

"정말 놀랍습니다. 보통 회사라면 몇 시간씩 회의하고도 결론 못 내는 문제인데…"

성과기 팀의 성과

"더 놀라운 일은 7월 1일, 상품 출시 1주일 후의 결과입니다."

나는 화면에 성과 지표를 띄웠다.

▶ **정량적 성과**

- 가입자: 목표 대비 249%

- 운용자산: 목표 대비 310%

- 고객 만족도: 4.7/5.0 (업계 최고)

- 품질 클레임: 0건

▶ **정성적 성과**

- 팀 만족도: 4.8/5.0

- 팀 신뢰도: 4.9/5.0

- 이직 의향: 0%

- 타 팀 벤치마킹: 3개 팀

박대표가 미소 지으며 말했다.

"그때 정말 감동했습니다. '상품개발팀, 정말 대단합니다. 어떻게 이런 성과를 낼 수 있었나요?'"

강팀장이 팀원들을 바라보며 말했다.

"각자의 역할을 알고, 서로를 존중하고, 함께 일했기 때문입니다. 벨빈이 알려준 대로요."

준식이 말을 이었다.

"완벽한 사람은 없지만, 완벽한 팀은 있다는 걸 배웠습니다."

회의실에 다시 박수가 터져 나왔다.

성과기는 끝이 아니다

나는 경영진을 향해 말했다.

"성과기에 도달한 것은 축하할 일입니다. 하지만 저는 팀에게 중요한 주의사항을 전했습니다."

성과기 유지를 위한 주의사항

1. 안주하지 않기

- 계속 도전하기
- 새로운 시도하기
- 혁신 멈추지 않기

2. 신규 팀원 통합

- 새 팀원에게 역할 교육
- 그라운드 룰 공유
- 빠른 적응 지원

3. 정기적 역할 점검

- 6개월마다 역할 변화 확인
- 팀 구성 재점검

4. 규범 계속 진화

- 정기적 회고
- 규범 업데이트
- 개선 지속

5. 성과 과몰입 경계

- 팀원 웰빙 우선
- 지속 가능한 속도
- 번아웃 방지

"성과기 팀은 1+1이 2가 아니라 10이 되는 팀입니다. 각자의 강점이 합쳐져서 엄청난 시너지를 만듭니다."

나는 화면에 시너지의 공식을 띄웠다.

▶ **시너지의 공식**

창조자의 혁신

+ 냉철판단자의 검증

+ 추진자의 속도

+ 실행자의 실행력

+ 완결자의 품질

+ 분위기조성자의 조화

+   전문가의 전문성

+   지휘조절자의 조율

=   완벽한 팀의 시너지

"상품개발팀의 팀원분들 각자는 훌륭합니다. 하지만 상품개발팀 팀원분들이 각자가 아닌 함께 있었기 때문에 더 위대해질 수 있었다는 것을 말씀드리고 싶습니다."

나는 경영진을 바라보며 브리핑을 마무리했다.

▶ **성과기 요약**

- 기간: 규범기 이후 ~ 지속

- 특징: 완벽한 협력, 높은 성과, 자율성

- 과제: 성과 유지 및 지속적 개선

- 성과: 탁월한 결과, 팀 만족, 지속 성장

"이것이 상품개발팀의 3개월 여정입니다. 형성기에서 격동기를 거쳐 규범기와 성과기에 이르기까지, 상품개발팀은 진정한 팀으로 성장했습니다."

회의실에 잠시 침묵이 흘렀다. 경영진들은 깊은 인상을 받은 표정이었다.

성과기 단계에서 팀 조직개발

성과기에서 리더의 역할: 방해하지 않는 사람

성과기는 팀이 진정한 시너지를 발휘하는 단계입니다. 각자가 자신의 역할을 완벽히 이해하고, 서로를 신뢰하며, 자율적으로 협력합니다. 마치 오케스트라처럼 각자의 악기가 완벽한 타이밍에 연주되어 아름다운 하모니를 만들어냅니다.

이 단계에서 리더의 핵심 역할은 방해하지 않는 것입니다. 과도한 관리나 간섭은 오히려 팀의 흐름을 깨뜨립니다. 리더는 뒤에서 지원하고, 장애물을 제거하며, 팀이 스스로 빛나도록 공간을 만들어주어야 합니다.

성과기 체크리스트

아래 질문들을 통해 성과기가 잘 유지되고 있는지 점검해보세요.

▶ **자율성 확보**

- 구성원이 스스로 목표, 일정, 우선순위를 조정하도록 맡기고 있는가?
- 팀원들이 자신의 강점 기반 역할을 자발적으로 선택하고 있는가?

▶ 코칭 중심 리더십

- 관리보다는 코칭을 중심으로 팀원을 이끌고 있는가?

- "이렇게 해"보다 "어떻게 하면 좋을까?"로 대화하고 있는가?

▶ 성과 인정과 공유

- 구성원의 기여를 공식적이고 구체적으로 인정하고 있는가?

- 팀의 성공 방식을 표준화해 다른 조직에 공유하고 있는가?

▶ 시너지 발현

- 팀원 간 협업이 원활하게 이루어지고 시너지가 나타나고 있는가?

- 1+1이 2가 아니라 10이 되는 경험을 하고 있는가?

성과기 핵심 실행 포인트

1. 자율에 맡기기

하모닉증권 상품개발팀의 강민준 팀장은 성과기에 접어들며 "저는 이제 거의 아무것도 안 하는 것 같습니다. 팀원들이 알아서 다 하니까요"라고 말했습니다. 이것이 성과기 리더의 올바른 모습입니다. 팀원들이 자율적으로 움직일 수 있도록 신뢰하고 맡겨야 합니다.

2. 구체적으로 인정하기

"수고했어요"라는 막연한 칭찬보다 "준식님이 제안한 ESG 점수 시각화 아이디어가 고객 반응에 결정적이었어요"처럼 구체적으로 인정해야 합니다. 상품개발팀이 매주 금요일 오후에 진행한 '주간 칭찬 시간'처럼, 작은 성공도 즉시 축하하는 문화가 팀의 에너지를 유지합니다.

3. 성과 방식 표준화하기

성과기 팀의 일하는 방식은 다른 팀에게도 좋은 참고가 됩니다. 상품개발팀의 성공 이후 하모닉증권의 다른 3개 팀이 벤치마킹을 요청한 것처럼, 팀의 성공 방식을 문서화하고 공유하면 조직 전체가 성장합니다.

성과기 유지를 위한 주의사항

성과기에 도달했다고 끝이 아닙니다. 다음 사항들을 주의해야 합니다.

- **안주하지 않기**: 현재 성과에 만족하며 도전을 멈추면 팀은 퇴보합니다. 새로운 목표와 도전을 계속 설정하세요.

- **신규 팀원 통합하기**: 새로운 팀원이 합류하면 형성기로 잠시 돌아갑니다. 역할 교육과 그라운드 룰 공유를 통해 빠른 적응을 지원하세요.

- **정기적 점검하기**: 6개월마다 역할 변화와 팀 구성을 재점검하세요. 사람은 변하고, 상황도 변합니다.

- **번아웃 방지하기**: 높은 성과에 도취되어 계속 달리다 보면 팀원들이 지칩니다. 지속 가능한 속도를 유지하고, 팀원의 웰빙을 챙기세요.

성과기 팀의 모습

상품개발팀이 시스템 보안 취약점이라는 위기 상황에서 10분 만에 해결책을 찾아낸 장면을 기억하세요. 창조자가 대안을 제시하고, 냉철판단자가 데이터로 검증하고, 전문가가 리스크를 확인하고, 실행자가 실행 가능성을 판단하고, 추진자가 마케팅 관점을 더하고, 분위기조성자가 팀 컨디션을 확인하고, 지휘조절자가 결정을 내렸습니다.

이것이 성과기 팀의 진짜 모습입니다. 완벽한 사람은 없지만, 완벽한 팀은 있습니다.

PART 5

벨빈으로 성과 만들기

전사 확대
벨빈 문화의 확산

전사 확대 결정

박대표가 임원진, 상품개발팀, 그리고 나를 천천히 바라본 후 말했다.

"솔직히 말씀드리면 상품개발팀의 변화를 보면서 놀랐습니다. 지금 상품개발팀은 완전히 다른 팀이 되었습니다. 그런데 제가 볼 때 영업팀, 마케팅팀, IT팀, 리스크관리팀을 비롯해서 대부분의 팀들도 3개월 전의 상품개발팀처럼 어려움을 겪고 있는 것 같습니다."

박대표가 결심한 듯 말했다.

"벨빈 진단을 전사로 확대하면 어떨까 생각합니다. 상품개발팀에서 성공한 것처럼, 다른 팀들도 각자의 역할을 발견하고, 강점을 연결하고, 협력하는 법을 배우면 좋겠습니다."

경영진들이 일제히 고개를 끄덕였다. CFO가 물었다.

"구체적으로 어떻게 진행하면 좋을까요?"

전사 확대의 주의사항

나는 신중하게 대답했다.

"대표님의 제안처럼 전사로 확대하는 것에 대해 전적으로 찬성입니다. 하지만 크게 두 가지 주의할 점이 있습니다."

"무엇인가요?"

"첫 번째는 벨빈 진단은 단순히 '검사'가 아니라는 점입니다. 진단만 하고 끝내면 아무 의미가 없습니다. 중요한 것은 그 이후의 '과정'입니다. 각자의 역할을 이해하고, 강점을 연결하고, 커뮤니케이션 방식을 조정하는 과정이 필요합니다."

박대표가 고개를 끄덕였다.

"그리고 두 번째는 팀마다 상황이 다릅니다. 상품개발팀은 신상품 개발이라는 명확한 목표가 있었고, 강팀장님이라는 훌륭한 리더가 있었고, 팀원들이 변화를 원했습니다. 다른 팀들도 이런 조건이 갖춰져 있는지 확인해야 합니다."

시작 팀 선정

박대표가 물었다.

"그럼 어떤 팀부터 시작하면 좋을까요?"

"상품개발팀의 사례를 미뤄볼 때, 우선 다음 조건을 갖춘 팀부터 시작하는 것이 좋습니다."

나는 화이트보드에 적었다.

▶ **벨빈 도입 적합 팀의 조건**
- 리더가 변화를 원하는 팀
- 팀원들이 현재 상황에 불만이 있지만 개선 의지가 있는 팀
- 명확한 목표나 프로젝트가 있는 팀
- 팀 규모가 적절한 팀(5~10명)

박대표가 눈을 반짝이며 말했다.

"영업팀이 딱인 것 같습니다. 최근 영업팀장이 제게 와서 '팀이 하나로 뭉치지 못한다'고 고민을 털어놨어요. 그리고 내년 1분기에 큰 프로젝트가 예정되어 있습니다."

"그럼 영업팀이 좋은 시작점이 될 것 같습니다."

박대표가 결정을 내렸다.

"좋습니다. 그럼 영업팀부터 시작하고, 성공하면 다른 팀으로 확

대하겠습니다."

전사 벨빈 도입 로드맵

벨빈 전사 확산의 성공 열쇠는 체계적인 단계별 접근입니다. 한 번에 모든 팀에 도입하는 것이 아니라, 검증과 학습을 거쳐 점진적으로 확산하는 것이 중요합니다.

▶ 1단계: 파일럿 시행

구분	내용
목표	첫 파일럿 팀의 성공을 다른 3-4개 팀에 복제하여 방법론 검증
대상 팀 선정 기준	• 다양한 업무 특성(기획, 영업, 개발, 지원) • 팀 리더의 변화 의지가 높은 팀 • 팀 규모 5-10명(관리 가능한 크기) • 명확한 성과 측정이 가능한 팀
주요 활동	• 각 팀 벨빈 진단 실시 • 팀별 워크숍(2-3회) • 월 1회 팀 리더 간담회 • 성과 모니터링 및 사례 수집

▶ 2단계: 부서별 확산

구분	내용
목표	파일럿 성과를 바탕으로 본부/부서 단위로 확산
확산 우선순위	1. 성과 압박이 높은 부서(영업, 상품개발) 2. 협업이 중요한 부서(기획, 마케팅) 3. 지원 부서(인사, 재무, IT)
주요 활동	• 본부장 대상 설명회 • 본부별 킥오프 워크숍 • 사내 벨빈 전문가 육성 시작 • 성공 사례 정기 공유회

▶ 3단계: 전사 시행

구분	내용
목표	벨빈을 조직 문화의 일부로 정착시키고 지속 가능성 확보
통합 영역	• 채용 프로세스: JD 작성 시 필요 역할 명시 • 온보딩: 신입사원 벨빈 진단 필수화 • 리더십 개발 • 협업 도구: 사내 시스템에 벨빈 통합
주요 활동	• 사내 벨빈 커뮤니티 활성화 • 사내 벨빈 전문가 양성 및 정착 • 전사 컨퍼런스 개최 • 우수 사례 시상 및 공유

내부 벨빈 전문가 양성

나는 한 가지 더 제안했다.

"대표님, 전사 확대를 하신다면, 사내에 '벨빈 팀 조직개발 전문가'를 양성하시는 것도 제안드리고 싶습니다."

"사내에 벨빈 전문가를 양성하자는 말씀이신가요?"

"네. 초기에는 저처럼 벨빈 코리아의 전문가분들의 도움을 받는 것도 중요하겠지만, 궁극적으로는 사내에 벨빈 모델을 제대로 이해하고 적용할 수 있는 사람을 키우는 것이 필요합니다."

"누가 적합할까요?"

"예를 들어 민형님 같은 분이 적합할 것 같습니다."

"민형님이요?"

"네. 민형님은 분위기조성자로서 사람을 이해하고 조화를 만드는 능력이 뛰어나십니다. 그리고 상품개발팀에서 경험을 쌓으셨기 때문에 전문 교육을 받으시면, 앞으로 다른 팀들을 돕는 데 크게 기여하실 겁니다."

박대표가 고개를 끄덕이며 말했다.

"훌륭한 제안입니다."

박대표가 일어서서 내 손을 꼭 잡았다.

"지영님, 정말 감사합니다. 지영님 덕분에 우리 회사가 진짜 '팀 중심 조직'으로 변화할 수 있을 것 같습니다."

나는 상품개발팀을 바라보며 말했다.

"아닙니다. 이 모든 것은 상품개발팀이 보여준 용기와 헌신 덕분입니다. 이 팀이 변화를 두려워하지 않고, 갈등을 피하지 않고, 서로의 역할을 존중하며 함께 성장한 덕분이죠. 이 팀이 하모닉증권의 롤모델이 될 것입니다."

회의실에 박수가 터져 나왔다.

하모닉증권의 벨빈 여정은 이제 시작이었다. 한 팀의 성공이 전사로 확산되어, 조직 전체가 '역할'을 이해하고 '강점'을 연결하며 '시너지'를 만드는 One Team 조직으로 변화해 갈 것이다.

7개월의 여정을 돌아보며

마지막 미팅

11월 14일 금요일 오후 4시

상품개발팀 전체가 회의실에 모였다.

강팀장이 말했다.

"여러분, 오늘은 지영님과의 마지막 공식적인 미팅입니다. 지난 7개월을 함께 돌아보는 시간을 갖겠습니다."

나는 팀원들을 바라보며 웃으며 말했다.

"여러분, 7개월 전을 기억하십니까?"

각자의 변화 이야기

나는 조용히 물었다.

"이제 마지막 질문을 드리겠습니다. 지난 7개월 동안 가장 크게 변한 것은 무엇인가요?"

준식이 먼저 손을 들었다.

"저는… 제 아이디어가 가치 있다는 걸 알게 됐어요. 예전에는 다들 제 제안을 현실성 없다고 거부할 때마다 자신감을 잃었거든요. 하지만 이제는 알아요. 제 역할이 새로운 가능성을 여는 거라는 걸요. 그리고 남우 님이 그 가능성을 검증해주고, 재표 님이 실행 가능하게 만들어주고, 은지님이 체계적으로 실행한다는 것도요."

남우가 고개를 끄덕이며 이어받았다.

"저는 '비판'과 '분석'의 차이를 배웠습니다. 예전에는 모든 아이디어의 문제점만 지적했어요. 그게 제 역할이라고 생각했으니까요. 하지만 이제는 '이 아이디어가 왜 작동할 수 있는지', '어떤 조건에서 성공 가능한지'를 함께 고민해요. 같은 분석이지만, 팀을 살리는 방식으로 하게 됐죠."

재표가 솔직하게 말했다.

"제가 제일 많이 변한 것 같아요. 솔직히 처음에는 벨빈이 뭔 소용이냐고 생각했어요. '그냥 빨리빨리 하면 되는 거 아닌가?' 했죠. 하지만 이제는 알아요. 속노민 중요한 게 아니라, 올바른 방향으로 함께 가는 게 중요하다는 걸요. 제가 압박할 때 민형님이 팀 분위기를 살펴주고, 지연님이 리스크를 짚어주는 게 얼마나 소중한지 이제야 알겠어요.”

은지가 조용히 웃으며 말했다.

“저는 완벽한 계획이 없어도 시작할 수 있다는 걸 배웠어요. 예전에는 모든 단계가 완벽하게 정리될 때까지 기다렸거든요. 하지만 준식님의 아이디어에서 시작해서, 남우님의 분석을 거치고, 재표님의 추진력으로 실행하면서 계획이 완성된다는 걸 알게 됐어요. 유연하게 적응하는 것도 실행의 일부라는 걸요.”

민형이 밝게 웃으며 말했다.

“제가 변한 건… 갈등을 회피하지 않게 된 거예요. 예전에는 팀 분위기만 좋으면 된다고 생각했어요. 그래서 문제가 있어도 ‘괜찮아, 괜찮아’ 하면서 넘어갔죠. 하지만 이제는 알아요. 진짜 좋은 팀 분위기는 문제를 숨기는 게 아니라, 건강하게 해결하는 거라는 걸요. 준식님과 남우님이 토론할 때 이제는 중재만 하는 게 아니라, 둘 다 자기 역할을 충실히 하고 있다는 걸 인정하고 지지해줘요.”

지연이 차분하게 말했다.

“저는 규정 준수와 혁신이 양립할 수 있다는 걸 배웠습니다. 예전에는 ‘규정에 맞추려면 이렇게 해야 해’라고만 말했어요. 하지만 이제는 준식님의 아이디어를 들으면서 ‘이 방향이라면 이런 규정을 만족시킬 수 있어요’라고 제안하게 됐죠. 제 전문성으로 혁신을 막는 게 아니라, 안전하게 실현할 수 있도록 돕는 역할이라는 걸 알게 됐습니다."

마지막으로 강팀장이 말했다.

"저는… 리더십에 대한 관점이 완전히 바뀌었습니다. 예전에는 제가 모든 답을 알아야 하고, 모든 결정을 내려야 한다고 생각했어요. 그래서 회의 때마다 제 의견을 강하게 밀어붙였죠. 하지만 이제는 알아요. 제 역할은 정답을 제시하는 게 아니라, 각자의 강점이 발휘되도록 조율하는 거라는 걸요. 준식님의 아이디어, 남우님의 분석, 재표님의 추진력, 은지님의 실행력, 민형님의 조화, 지연님의 전문성… 이 모든 것이 제대로 맞물리게 하는 것이 진짜 리더십이더라고요."

전사로 확산되는 벨빈

회의실 문이 열리고 박영준 대표가 들어왔다. 손에 샴페인 병을 들고 있었다.

"여러분, 정말 축하합니다. AI ESG 스마트 펀드의 성공은 단순한 신상품 출시가 아닙니다. 이것은 하모닉증권의 일하는 방식이 근본적으로 변화할 수 있다는 증거입니다."

박대표가 상품개발팀 팀원 한명 한명에게 샴페인을 따르며 계속 말했다.

"솔직히 처음에는 회의적이었습니다. '또 하나의 진단 도구'라고 생각했죠. 하지만 여러분이 보여준 변화는 부정할 수 없습니다. 그래서 결정했습니다. 다음 분기부터 전사적으로 벨빈을 도입하겠습니다."

팀원들이 박수를 쳤다. 나는 고개를 끄덕이며 말했다.

"현명한 결정이십니다. 그리고 이미 준비는 되어 있습니다. 민형님이 사내 첫 번째 벨빈 퍼실리테이터 인증을 받았거든요."

민형이 겸연쩍게 웃었다.

"아직 배울 게 많지만, 다른 팀들도 우리처럼 변화할 수 있도록 돕고 싶습니다. 영업팀, 리서치팀, IT팀… 모두가 자신의 강점을 발견하고 함께 시너지를 낼 수 있도록요."

박대표가 진지하게 말했다.

"민형님뿐만 아니라, 상품개발팀 전체가 롤모델이 될 겁니다. 여러분의 경험과 노하우를 다른 팀들과 적극적으로 공유해주시기 바랍니다."

나의 마지막 메시지

축배를 든 후, 나는 팀원들을 바라보며 천천히 말했다.

"여러분과 함께 한 지난 7개월은 제게도 특별한 시간이었습니다. 솔직히 처음 4월 14일, 그 혼란스러운 회의를 봤을 때 '과연 이 팀이 변할 수 있을까?' 걱정스러웠습니다."

팀원들이 웃었다. 나는 미소 띤 얼굴로 말을 이어갔다.

"하지만 여러분은 해냈습니다. 여러분이 해낼 수 있었던 것은 벨빈이 마법의 도구여서가 아니라, 여러분이 변화를 받아들이고, 서로를 이해하려고 노력했기 때문입니다."

나는 잠시 멈췄다가 말을 이었다.

"벨빈의 핵심은 간단합니다. '다름'을 '문제'가 아닌 '강점'으로 보는 것입니다. 준식님의 끝없는 아이디어가 문제가 아니라 창조자의 강점이고, 남우님의 신중한 분석이 냉정함이 아니라 냉철판단자의 강점이고, 재표님의 추진력이 압박이 아니라 추진자의 강점이라는 것을 인정하는 것입니다."

"그리고 가장 중요한 것은, 완벽한 사람은 없다는 것을 받아들이는 겁니다. 모든 역할에는 강점이 있고, 동시에 허용 가능한 약점이 있습니다. 창조자는 디테일에 약할 수 있고, 냉철판단자는 속도가 느릴 수 있고, 추진자는 때로 너무 급할 수 있습니다. 하지만 그게 바로 팀이 필요한 이유입니다. 서로의 약점을 비난하는 대신, 서로의 강점으로 보완하는 것이죠."

강팀장이 질문했다.

"한 가지 궁금한 게 있습니다. 우리가 이렇게 변했는데, 앞으로도 계속 이 상태를 유지할 수 있을까요?"

나는 고개를 끄떡였다.

"좋은 질문입니다. 솔직히 말씀드리면, 완벽한 상태가 영원히 지속되지는 않습니다. 새로운 프로젝트가 시작되면 또 다른 도전이 올 것이고, 새로운 팀원이 합류하면 역동이 바뀔 것입니다. 때로는 다시 갈등이 생길 수도 있어요."

"하지만 중요한 건, 이제 여러분은 도구를 가지고 있다는 겁니다. 갈등이 생겼을 때 '저 사람이 왜 저래?'가 아니라 '아, 지금 역할 충돌이 일어나고 있구나'라고 생각할 수 있습니다. '저 사람은 변하지 않아'가 아니라 '저 사람의 강점을 어떻게 활용할까?'를 고민할 수 있죠. 이것이 벨빈이 여러분에게 남긴 가장 큰 자산입니다."

해가 지면서 회의실로 석양빛이 들어왔다. 팀원들은 창밖을 바라보며 각자 생각에 잠겼다.

준식이 조용히 말했다.

"다음 주 월요일부터 새 프로젝트 시작이죠?"

강팀장이 고개를 끄덕였다.

"네, 차세대 AI 어드바이저 개발 프로젝트입니다. 더 어려운 도전이 될 거예요."

재표가 주먹을 불끈 쥐었다.

"좋아요. 이번에도 해낼 수 있어요. 우리 잘하잖아요."

남우가 조용히 웃으며 말했다.

"'잘한다'의 정의가 바뀌었죠. 예전에는 '빨리 끝내는 것'이 잘하는 거였는데, 이제는 '제대로 하는 것'이 잘하는 거예요."

은지가 덧붙였다.

"'함께 하는 것'이 잘하는 거예요."

민형이 환하게 웃으며 말했다.

"'서로를 이해하면서 하는 것'이 잘하는 거죠."

지연이 차분하게 정리했다.

"'안전하게 혁신하는 것'이 잘하는 거고요."

강팀장이 팀원들을 둘러보며 말했다.

"그리고 '각자의 강점을 발휘하는 것'이 잘하는 거죠. 우리, 다음 프로젝트도 멋지게 해냅시다."

나는 일어서며 마지막 말을 남겼다.

"여러분, 기억하세요. 최강팀은 만들어지는 게 아니라 발견되는 겁니다. 각자의 강점을 발견하고, 그것을 연결할 때 비로소 최강팀이 탄생합니다. 여러분이 바로 그 증거입니다."

— THE END

+

독자에게 전하는 메시지

이 책을 덮는 당신에게

하모닉증권 상품개발팀의 이야기는 여기서 끝납니다. 하지만 여러분의 이야기는 이제 시작입니다.

혹시 이 책을 읽으면서 여러분의 팀이 떠올랐나요? 준식처럼 아이디어가 넘치지만 '현실성 없다'는 말을 자주 듣는 동료가 있나요? 남우처럼 신중하게 분석하지만 '너무 부정적'이라는 오해를 받는 팀원이 있나요? 재표처럼 빠르게 추진하려다가 다른 팀원들과 마찰을 빚는 리더가 있나요? 만약 그렇다면, 이것만은 기억하세요.

"문제는 사람이 아닙니다. 역할을 이해하지 못하는 것이 문제입니다."

벨빈은 단순한 성격 진단 도구가 아닙니다. 벨빈은 팀 안에서 여러분이 어떤 기여를 할 수 있는지, 어떤 가치를 창출할 수 있는지를 보여주는 나침반입니다. 그리고 가장 중요한 것은, 여러분과 다른 사람들도 각자의 방식으로 팀에 기여하고 있다는 것을 깨닫게 해줍니다.

이 책의 실무 가이드를 어떻게 활용할까요?

이 책에는 단순한 이야기만 담겨 있지 않습니다. 각 챕터마다 실무에서 바로 사용할 수 있는 가이드가 포함되어 있습니다. 이것들을 어떻게 활용해야 할까요?

- **팀 리더라면**: Part 1의 '팀 위기 진단 체크리스트'부터 시작하세요. 당신의 팀이 현재 어떤 상태인지 객관적으로 파악하는 것이 첫 걸음입니다. 그 다음 Part 3의 '역할 맵핑과 팀 구성 최적화' 가이드를 활용해 팀의 강점과 약점 지도를 그려보세요.
- **HR 담당자라면**: Part 5의 '전사 확산 전략'과 '사내 벨빈 전문가 양성' 가이드를 참고하세요. 파일럿 프로젝트부터 전사 확산까지, 단계별 로드맵과

예산 계획 템플릿이 준비되어 있습니다.

- **채용 담당자라면**: 각 역할 챕터의 '진단 체크리스트'와 FAQ를 면접 가이드로 활용하세요. 단순히 스펙이 좋은 사람이 아니라, 팀에 필요한 역할을 수행할 수 있는 사람을 찾는 데 도움이 될 것입니다.
- **팀원이라면**: Part 2에서 당신의 역할을 찾아보세요. 그리고 '이 역할과 일하는 법' 가이드를 읽어보세요. 당신과 다른 역할의 팀원들을 어떻게 이해하고 협업할 수 있는지 구체적인 팁을 얻을 수 있습니다.

변화는 선택입니다

하모닉증권 상품개발팀도 처음에는 회의적이었습니다. "또 다른 진단 도구"일 뿐이라고 생각했죠. 박영준 대표도 "이전에 시도했던 것들이 다 실패했는데, 이번에는 다를까?"라고 의심했습니다.

하지만 그들은 시도했습니다. 그리고 변화했습니다. 완벽한 팀이 되어서가 아닙니다. 서로를 이해하는 방법을 배웠기 때문입니다. 갈등을 해결하는 도구를 가졌기 때문입니다. 각자의 강점을 발휘하고 연결하는 법을 알게 되었기 때문입니다.

"여러분의 팀도 할 수 있습니다."

변화는 하루 아침에 일어나지 않습니다. 하모닉증권의 상품개발 팀도 3~7개월이 걸렸습니다. 그 사이에 수많은 갈등이 있었고, 좌절도 있었고, 의심도 있었습니다. 하지만 포기하지 않았습니다.

이제 여러분 차례입니다. 이 책에 담긴 도구들을 사용해보세요. 팀원들과 함께 벨빈 진단을 해 보세요. 각자의 역할을 발견하고, 역할 기반 커뮤니케이션을 설계해보세요. 갈등이 생기면 "역할 충돌인지, 관계 갈등인지" 구분해보세요.

그리고 기억하세요. 최강팀은 완벽한 사람들로 이루어진 팀이 아닙니다. 서로 다른 강점을 가진 사람들이 그 강점을 연결했을 때 만들어지는 것입니다.

"당신의 팀이 다음 성공 스토리의 주인공이 되기를 응원합니다."

벨빈코리아 대표 **채홍미**
인피플컨설팅 부대표 **홍순표**

+ 부록 +

▶ 벨빈 9가지 팀역할 요약

역할	핵심 강점	허용 가능한 약점
창조자	창의적 아이디어 제시, 문제 해결의 새로운 접근	디테일한 실행 계획 부족, 현실성 검토 약함
냉철판단자	객관적 분석, 리스크 평가, 신중한 의사결정	의사결정 속도 느림, 과도한 신중함
추진자	목표 지향적 추진, 도전 극복, 빠른 실행	과도한 압박, 팀원 감정 고려 부족
실행자	체계적 실행, 계획을 현실로 전환	유연성 부족, 계획 변경에 대한 저항
분위기조성자	팀 화합, 갈등 중재, 협력 촉진	갈등 회피, 의사결정 주저함
전문가	전문 지식 제공, 기술적 깊이	좁은 관점, 전문 분야 외 기여 제한
지휘조절자	팀 조율, 역할 분배, 목표 설정	실무 수행력 약함, 위임 과다
자원탐색가	외부 자원 발굴, 네트워킹, 기회 포착	지속적 관심 유지 어려움, 후속 조치 약함
완결자	품질 관리, 마감 관리, 디테일 점검	과도한 완벽주의, 위임 어려움

* 모든 역할은 팀에 필수적이며, 어떤 역할이 더 우수하거나 열등하지 않습니다.
* 대부분의 사람은 2~3개의 선호 역할을 가지고 있으며, 상황에 따라 다른 역할도 수행할 수 있습니다.
* 효과적인 팀은 9가지 역할이 균형 있게 분포되어 있으며, 각 역할의 강점이 최대한 발휘됩니다.

▶ 벨빈 전문가 양성 프로그램 소개

대한민국의 벨빈 전문가 양성은 벨빈 코리아에서 진행하는 '벨빈 국제인증 전문가 교육 과정'을 통해서 진행됩니다. 연 4~5회 진행되는 3일 교육과정을 수료하면, 벨빈 진단 디브리핑 및 전문 코칭, 퍼실리테이션을 수행 할 수 있는 역량을 갖추게 됩니다.

글로벌 표준 벨빈 인증을 통해 조직개발 전문가로서의 전문성을 인정받고,
팀 진단과 컨설팅을 수행할 수 있는 국제 공인 자격을 취득합니다.

교육 대상 및 목표

조직개발 담당자
체계적인 팀 진단과
개발 프로그램을 설계하고
운영하고자 하는 HR 전문가

사내 컨설턴트
조직 내부에서 팀 퍼포먼스
향상과 갈등 해결을
전문적으로 지원하는 역할

팀 코치
팀의 성과 향상과
구성원들의 역량 개발을
전문적으로 지원하는 코치

외부 컨설턴트
벨빈 방법론을 활용한
조직개발 컨설팅 서비스를
제공하고자 하는 전문가

3일 집중 커리큘럼

총 21시간의 체계적인 이론 학습과 실무 적용 과정

#1 일차 — 벨빈 이론 기초와 개인 진단
과정 오리엔테이션 및 팀역할 모델 핵심 이해

✔ 과정 오리엔테이션
- 교육 목표 및 일정 안내
- 참가자 소개 및 기대사항 공유
- 벨빈 인증 과정의 의미와 가치

✔ 팀역할 모델 강의
- 벨빈 이론의 과학적 근거
- 9가지 팀역할의 특성과 기여
- 팀역할 간 상호작용과 시너지

✔ 개인 보고서 디브리핑
- 개인별 팀역할 진단 결과 분석
- 강점과 약점 영역 파악
- 개인 개발 계획 수립

#2 일차 — 팀역할 적용과 실무 활용
개인 진단 심화 및 팀역할 적용 실습

✔ 개인 진단 심화
- 관찰자 진단과 자가진단 비교
- 진단 결과의 정확한 해석법
- 개인별 맞춤 피드백 기법

✔ 팀역할 적용 강의
- 팀 구성과 역할 균형의 원리
- 상황별 팀역할 발휘 전략
- 팀 갈등 예방과 해결 방법

✔ 실습 및 워크숍
- 실제 사례를 통한 팀 분석
- 역할별 상호작용 시뮬레이션
- 팀 개발 계획 수립 실습

#3 일차 — 인증 시험과 실무 적용
종합 리뷰 및 글로벌 표준 인증 시험

✔ 종합 리뷰
- 2일간 학습 내용 종합 정리
- 핵심 개념 재확인 및 보강
- 질의응답 및 토론

✔ 인증 시험
- 벨빈 이론 전문성 평가
- 글로벌 표준 인증 시험
- 실무 적용 역량 검증

✔ 실무 적용 계획
- 개인별 활용 계획 수립
- 조직 적용 전략 설계
- 지속적 전문성 개발 로드맵

국제인증 자격과정의 특별한 혜택

인증 취득과 함께 전문가로서 즉시 활동할 수 있는 완전한 도구와 지원을 제공합니다.

1. 벨빈 개인 진단 무료 진단
과정 입과 전 벨빈 진단을 수행하고, 교육 과정에서 보고서를 리뷰합니다.

4. 10명 무료 진단 Credit 제공
과정 수료 후 실제 팀을 대상으로 진단을 수행할 수 있도록 Credit을 제공합니다.

2. 벨빈 글로벌 국제인증 Certificate 발급
벨빈 본사로부터 국제인증서가 공식 발급됩니다.

5. 벨빈 진단 시스템 Interplace 8.0 사용자 ID 생성
직접 진단을 수행하고 보고서를 분석할 수 있는 평생 사용 ID를 생성해 드리며, 온라인으로 사용법을 교육해 드립니다.

3. 벨빈 워크숍 진행 자료(PPT) 제공
벨빈 진단 기반으로 팀 워크숍을 제공할 수 있는 PPT 자료를 제공합니다.

6. 벨빈 전문가 커뮤니티 참여
Case 리뷰 및 멘토링을 제공하는 벨빈 전문가 커뮤니티에 초대됩니다.

▶ **벨빈 진단 및 교육 문의**

벨빈 코리아는 대한민국에서 벨빈 진단과 벨빈 관련 컨텐츠를 제공하는 벨빈 한국 사무소입니다. 전문 컨설턴트들이 귀사의 팀 개발을 지원합니다.

- 벨빈 팀역할 진단(개인/팀/조직 단위)

- 벨빈 기반 팀 빌딩 워크숍

- 리더십 개발 프로그램

- 조직 변화 관리 컨설팅

- 사내 벨빈 전문가 양성 과정

- 이메일 belbin@belbinkorea.com
- 웹사이트 www.belbinkorea.com
- 전화 02-540-2550

개인의 강점을 발견하고
팀의 시너지를 설계하세요.

BELBIN® KOREA

ONE TEAM

초판 1쇄 발행 2026년 3월 1일

지은이 채홍미, 홍순표

책임편집 임주성
디자인 박은진
마케팅 임주성, 이유림, 윤소연
경영지원 이지원

펴낸곳 파지트 | **펴낸이** 최익성
출판등록 제2021-000049호

주소 경기도 화성시 동탄원천로 354-28 | **전화** 070-7672-1001
이메일 pazit.book@gmail.com | **인스타** @pazit.book

© 채홍미·홍순표 2026
ISBN 979-11-7152-132-6 (03320)

THE STORY FILLS YOU
책으로 펴내고 싶은 이야기가 있다면, 원고를 메일로 보내주세요.
파지트는 당신의 이야기를 기다리고 있습니다.